Hip

Equipo de expertos Osiris

HIPNOTISMO

EDITORIAL DE VECCHI

Diseño gráfico de la cubierta de Mireia Vidal Terré.

© Editorial De Vecchi, S. A. U. 2002
Consell de Cent, 357. 08007 BARCELONA
Depósito Legal: B. 49.634-2001
ISBN: 84-315-2793-5

Índice

Historia del hipnotismo

E l hipnotismo, desde sus nunca bien estableci-
dos orígenes orientales, que son considera-
dos anteriores incluso al nacimiento del brahama-
nismo y el budismo, tuvo su primer gran auge en
el Antiguo Egipto.

En el gran imperio del Nilo constituyó un medio de acercamiento a las divinidades y los espíritus, así como un vehículo de clarividencia y telepatía, y una fórmula de acceso a diversas prácticas
de carácter mágico.

El hipnotismo, como técnica para determinados fines, ha sido empleado desde antes del año
2000 a. de C., por ejemplo, en los templos grie-
gos de Esculapio, cuando se administraban sueños curativos a ciertos enfermos o se provocaban
en los fieles los llamados *sueños del templo*, que
eran una especie de entrevista en estado onírico
con espíritus o deidades para comunicarles sucesos o formularles peticiones durante el trance.

En busca del conocimiento perdido

Hagamos aquí un paréntesis para persuadirle a no dejarse llevar por el impulso tradicional de dar por hecho que aquellos magos y sacerdotes de la Antigüedad estaban radicalmente equivocados, que eran falaces y supersticiosos, a diferencia de nosotros, que hemos sabido desentrañar la verdad. Semejante creencia sería lamentable, porque infinidad de los conocimientos que ellos poseyeron y manejaron con maestría hoy son para nosotros punto de mera fantasía, cuando no de franca ignorancia, lo cual nos priva de un caudal inmenso de posibilidades y, sobre todo, de conocimientos sobre nuestro *destino intemporal*.

En realidad, todavía hoy ciertas facultades del hipnotismo, como la de facilitar la comunicación con el más allá, siguen siendo tachadas de supersticiones por gente que no se atreve a examinar primero. Asimismo, si alguien calificado se acerca al presunto foco de superstición, observa y se convence, lo más habitual es pensar que esa opinión es fruto de algún engaño.

No obstante, el tesoro sigue al alcance de la mano, de cualquier mente capaz de renunciar a la «vigilia». Prueba de ello es que hoy la hipnosis sigue siendo el camino más amplio, luminoso y seguro para acceder a la dimensión eterna y a todas las posibilidades del espíritu.

El resurgimiento del hipnotismo

Hasta el siglo III de nuestra era el hipnotismo fue practicado por magos y sacerdotes. En adelante, sólo en las obras de Paracelso (1493-1541) vuelve a saberse de esta excelencia de la mente para alcanzar la espiritualidad y el poder sobrehumano. Con el surgimiento del genial Mesmer (1734-1815), esta potencia de la especie humana vivió días de esplendor. Su personalidad y sus logros eclipsaron los meritorios trabajos de otros hipnotizadores, como los sacerdotes jesuitas Kircher y Hell. El primero es autor de la prestigiosa *Experimentum mirabile de imaginatione gallinae*. Hell llevó a cabo estudios acerca de la acción curativa del imán sobre el organismo, que es uno de los más brillantes puntos de partida del moderno estudio del aura o halo. De ello hablaremos extensamente en esta obra y de su relación con las potencias de la hipnosis, que Mesmer contribuyó a difundir, postulando la existencia de una esencia o fluido universal que flota entre todo lo existente y dota a los seres humanos de una fuente de sabiduría a la que acudimos según la constitución astral.

A partir de 1870 se inicia la verdadera historia de la metapsíquica y del inmenso papel que en sus manifestaciones ha representado el hipnotismo. Ya para entonces —desde 1845— el barón Von Reichenbach había hecho notables hallazgos sobre las propiedades del halo en los imanes, en los cristales y en los seres humanos, inspirado por las percepciones de la Hauffe.

Veamos la estremecida y estremecedora declaración del célebre doctor William Crookes, que dio cuenta públicamente del resultado de sus investigaciones sobre los fenómenos paranormales inducidos o potenciados por el hipnotismo:

> No sabría pronunciarme sobre la causa de los acontecimientos de que he sido testigo, pero el hecho de que ciertos fenómenos físicos, tales como el movimiento de objetos materiales y de ruidos parecidos a descargas eléctricas, se produzcan en circunstancias que no se pueden explicar por ninguna ley física actualmente conocida, constituye una realidad de la que estoy tan seguro como del fenómeno químico más elemental. Todos mis estudios científicos han sido una larga serie de observaciones exactas, y deseo que quede bien claro que los hechos que aquí afirmo son el resultado de las investigaciones más escrupulosas.

En 1856, el doctor Hare, profesor de la Universidad de Pensilvania, publicó una serie de experimentos que demostraban que los objetos podían aumentar de peso bajo la acción de las fuerzas de los espíritus, lo cual significaba que el hipnotismo, como puente de unión entre vivos y muertos, transportaba algo más que sueños, «a menos que estos poseyesen un peso concreto», como ironizaron algunos. Sin duda, tal peso era aportado por los médiums y pertenecía a la sustancia semimaterial que los espíritus tomaban de ellos para hacerse sentir por los vivos con medios más tangibles que los de la telepatía o la videncia.

El hecho es que debió entenderse que el hipnotismo estaba dando lugar a manifestaciones de una realidad que lo consideraban, si no su única puerta de acceso a la materialidad, sí la más amplia y de más fácil acceso; en fin, toda una puerta principal de la catedral del universo.

Entre las principales manifestaciones —o las más comentadas— en la época figuran las de la sonámbula Frédérique Hauffe, conocida como *la vidente de Prevorst*, realizadas veinte años antes de que el espiritismo cobrara importancia mundial. Esta mujer fue meticulosamente estudiada por el doctor Kerner desde 1826 hasta 1829, que comprobó la veracidad de su historia: desde su infancia había recibido la visita de seres fantasmales que le anunciaban sucesos dolorosos y que, como señal de su realidad, le dejaban huellas de carácter material. Frédérique, además, anunciaba el porvenir por medio de la observación de pompas de jabón o de espejos, leía textos en la piel del vientre, realizaba viajes espirituales, captaba el carácter, la potencia y la huella de los pases magnéticos y distinguía los minerales percibiendo de ellos únicamente el halo o fluido que emitían. Estas investigaciones del doctor Kerner constituyen los primeros estudios serios que relacionan el trance hipnótico profundo con las facultades metapsíquicas.

La metapsíquica comienza con los trabajos de Crookes, quien se inspiró en la investigación realizada en 1869 por la Sociedad Dialéctica de Londres. El hipnotismo estaba siendo la causa de que se abriera un mundo repleto de hechos y circunstancias que iban más allá de la imaginación y de la locura misma. Por su influjo, las personas parecían dejar de lado la certidumbre de su moralidad para convertirse en seres provistos de dones completamente ajenos a las posibilidades señaladas para los vivos.

El XIX fue un siglo muy agitado en todo lo relacionado con las posibilidades ocultas del ser humano, no habiéndose podido rescatar siquiera al hipnotismo para su aplicación en el tratamiento de diversas enfermedades. Se entabló una lucha encarnizada entre los espiritualistas y los materialistas. Estos últimos tachaban de supersticiosos a cuantos encontraran puntos de contacto entre lo material y lo paranormal, así como a los científicos que no consideraban el hipnotismo como factor desencadenante de los síntomas de la histeria que conducían a todas las demás manifestaciones «suprahumanas», tales como la videncia, la telepatía, el espiritismo, etc.

De esta manera, se formó un numeroso grupo internacional de sabios entregados al estudio de los fenómenos paranormales, entre los que recordamos nombres como el del famoso profesor C. Richet, de París, de Cesare Lombroso, de Turín, o Henry Sidqwick, de Cambridge, entre otros.

El siglo xx

Actualmente, los científicos se han lanzado a la búsqueda de los poderes del aura y las facultades del hipnotismo, tan utilizados por los brujos desde la prehistoria. El doctor Konecci ha revelado lo siguiente:

> En Estados Unidos se realizan o se programan experiencias específicas sobre los fenómenos de transferencias de energía o sobre las relaciones entre los campos físicos de partículas y el campo psi-plasma personal. [...] Los resultados de una experimentación válida sobre la transferencia de energía podrían conducir a los sabios y a los ingenieros de Occidente a nuevos medios de co-

municación, a nuevas técnicas de supervivencia, así como a hacer una aportación biocibernética al plano conceptual de un vuelo operacional, plano que podría emerger de un estudio que actualmente lleva a cabo la NASA sobre los subsistemas de datos y ciertas capacidades sensoriales autónomas del astronauta.

Es general el reconocimiento científico de los poderes ocultos del hombre, pero no como algo que llegue a adquirirse a través del aprendizaje, de estudios y prácticas, sino como parte del patrimonio natural que se recibe desde el instante del nacimiento. No se trata, pues, de actos de fe esporádicos, respaldados por grupos de exaltados obstinados en dar validez a las creencias de los antiguos, sino del reconocimiento de que lo que hasta hoy ha sido «lo normal» será en adelante, simplemente, «lo parcial».

También es total el reconocimiento de que nadie es todavía capaz de calcular hasta dónde podrá llevar al hombre del siglo XXI la resurrección tecnificada de todas las potencias que los antiguos manejaron con la única fuerza de su interés personal, casi siempre obligados al ocultamiento.

Conceptos básicos

El aura

El *aura* es un fino halo de luz que varía indicando el estado de la persona. Si está formado por estrías rectas, el individuo está en buena disposición física y psíquica; si, en cambio, está formado por estrías onduladas y discontinuas, algún malestar aqueja a la persona, incluso cuando no tiene conciencia de ello. La visión del aura sólo es posible para las personas dotadas de poderes o mediante la cámara Kirlian, que logra reflejarla.

El aura es un órgano susceptible de enfermar. Brujas y curanderos de todo el mundo, y muy particularmente del continente sudamericano, aprendieron a limpiarla por medio de diversos procedimientos —llegando con ello a mejorar la suerte, la inteligencia y la salud del individuo—, y afirman que tiene distintos tonos de especial significado en función del sexo, la edad y el estado de ánimo que tenga sujeto en el momento de la apreciación.

Se considera que el aura tiende a volver a su dueño; es una de sus propiedades más evidentes. Por lo tanto, si las dos partes que intervienen en un intercambio telepático apoyan contra su frente la prenda impregnada con la energía periespiritual del otro, al mismo tiempo que se concentran en la emisión o la captación del mensaje, se conseguirá el efecto de atraer la onda telepática.

Las prendas telepáticas no son un descubrimiento reciente. De hecho, están siendo desperdiciadas como potenciadores en los laboratorios universitarios, que insisten en precisar la manifestación voluntaria de los fenómenos de percepción extrasensorial sin utilizar estas prendas, por considerarlas una excesiva concesión a la hechicería.

Quizá debieran recordar que desde tiempos muy remotos, prácticamente desde los orígenes de la brujería, existe entre los enamorados la costumbre de regalarse mechones de cabellos u otras prendas que hayan estado en contacto permanente con el enamorado que hace el obsequio, porque ello les da la impresión, a veces muy real, de ser un cálido punto de unión cuando se separan o un incentivo más cuando están juntos.

Los poderes del cuerpo, del espíritu y del periespíritu

El famoso psiquiatra y criminólogo Cesare Lombroso, empujado por el profesor Chiaia, aceptó examinar a la médium Eusapia Palladino, una mujer que él consideraba, simplemente, una bruja histérica, y quedó, cuanto menos, sobrecogido. La sesión se desarrolló ante una gran mesa y en compañía de una decena de personas. Tras haber colocado las manos sobre ella —como se le indicó— Cesare Lombroso escuchó unos fuertes golpes y el mueble empezó a elevarse sin que nadie hiciera nada por levantarlo. Llegó a una altura tal que resultaba evidente que nadie intervenía en su «vuelo». En ese momento, apareció una pesada campana que flotó por encima de los presentes sonando de manera ensordecedora. El doctor Lombroso recurrió a toda su entereza para buscar y sujetar con fuerza las manos de Eusapia, confirmando que ella nada hacía físicamente para producir todo aquello. Y entonces, como si la inteligencia causante hubiera leído su pensamiento, numerosas manos invisibles le pasaron por el rostro las yemas de sus dedos, como lo hubieran hecho decenas de insectos revoloteando en torno a las luces que estallaban en chispas tan cerca de él.

Después de esta sesión, de la que salió exhausto y con la desconcertante sonrisa de Eusapia Palladino grabada en su memoria, el doctor Lombroso ansió volver a presenciar una demostración de sus poderes. Tenía que saberse completamente libre de la debilidad o la ingenuidad que solía atribuirse a los que se dejaban convencer por las proezas de seres que se denominaban privilegiados, poseedores de poderes especiales. Debía examinar la actuación de Eusapia con detenimiento y desde todos los ángulos posibles.

Participó, entonces, en una nueva sesión mediúmnica. Y vio cómo en medio de una perfecta iluminación y sin posibilidad de trucos, un candelabro se dirigía hacia un plato lleno de harina, que giraba sobre sí mismo sin derramar nada de su contenido. Después, tras hablar largo y tendido con la médium, salió de la casa. Ya no era el mismo hombre, en más de un sentido. Él mismo lo confirmaría algunos meses después escribiendo:

> Estoy muy confundido y apesadumbrado por haber combatido tan denodadamente la posibilidad de los hechos denominados espiritistas...

Prosiguió sus meticulosos exámenes a través de otras diecisiete sesiones que Eusapia ofreció para él y para otros investigadores, como el médico Schrenck-Notzing y los físicos Gerosa y Ermacora, quienes contemplaron a la médium elevarse por encima de la mesa, sentada en su silla, en medio de un estruendo de chispas, fogonazos y silbidos.

Actualización del concepto hipnótico

Gracias a los trabajos de J. Breuer (1842-1925), Sigmund Freud (1856-1939) y, sobre todo, Carl Gustav Jung (1875-1961) se ha comprendido mejor el fenómeno y la trascendencia de la hipnosis. En sus obras se establece que se trata de una posibilidad natural de la mente que implica un estado de ensoñación al que puede llegarse mediante la adecuada preparación, ya sea por propio impulso o por medio de una inducción por sugestión y conducción magnética. El término *ensoñación* no posee tan sólo las connotaciones oníricas que se le han hecho propias por el uso, sino que indica también una condición con poder transformador, capaz de dotar a la persona hipnotizada de facultades por encima —pero también por debajo— de lo considerado «normal» dentro de la tradición materialista.

Debe tenerse en cuenta que los estados hipnóticos no son algo distante y accidental. Se trata de tendencias que encuentran posibilidades para su desarrollo en múltiples circunstancias de la vida común. Así, por ejemplo, los registros eléctricos del cerebro con un electroencefalógrafo muestran que determinados ritmos de sonido o ráfagas de luz pueden crear anormalidades en la condición habitual del cerebro, que provocan una gran tensión y, en algunos casos, llegan incluso a producir ataques de tipo epiléptico. Bailar hasta el agotamiento puede llevar a estados similares de derrumbamiento mental y físico que, curiosamente, dotan la mente de un elevado grado de sensibilidad para todos los fenómenos de percepción extrasensorial, en particular los inducidos hipnóticamente.

En el culto vudú de Haití se cree que las deidades toman posesión de una persona cuando esta baila al son de los tambores, y los poseídos se comportan como tradicionalmente se cree que se comportan las deidades. Cuando vuelven en sí, después de una hora o más, no parecen recordar nada de lo que han hecho, aunque a juicio del observador su actuación haya sido consciente.

«Mucha magia hay en los hombres»

«Mucha magia hay en los hombres», decía un viejo brujo indio, Gastón, *el de los ojos de chamuco*, que en la Sierra Madre Oriental buscó inútilmente ser amado por propios y extraños, pero que, en cambio, fue muy temido y respetado, porque nació con el don de influir sobre los demás, hasta el extremo de humillar a los crueles o de extraer «superhombres» del cuerpo de los más desvalidos. A unos los hacía animales y a otros mensajeros de los ángeles.

Se contaba con temeroso entusiasmo cómo hizo revolcarse y gruñir como un cerdo a un sobrino suyo que se atrevió a amenazar a sus convecinos para obligarles a votar por el PRI, el partido político que entrañaba la totalidad de la corrupción política mexicana. Otro de sus sobrinos, retrasado mental que padecía epilepsia, se volvió sumamente rico gracias a las facultades con las que él le dotó, entre ellas, ver el porvenir de cada miembro de la población indígena. Así, localizó personas y bienes perdidos, desenmascaró culpables y adivinó secretos.

Los tres sistemas hipnóticos de Gastón, *el de los ojos de chamuco*

Tenía razón Gastón, *el de los ojos de chamuco*, al afirmar que hay mucha magia en los hombres. El viejo brujo había nacido con un enorme caudal de poder hipnótico. Nadie se asombraba tanto como él cuando, siendo ya adolescente, «pasmaba a borregos y gallinas». Son palabras de su madre, que murió maldiciendo a los demonios que le comieron la cabeza a su hijo.

Gastón, *el de los ojos de chamuco*, inducía el sueño hipnótico mediante tres sistemas:

— con palabras francas;
— de manera traicionera;
— con honguitos o yerbita.

La modalidad de las palabras francas incluye todos los procedimientos de inducción por sugestión y magnetismo. Él la consideraba ideal para curar todo tipo de males, hasta los imaginarios «que son los peores, por ser los más tercos». Según Gastón, es el método más simple:

> Sólo hay que pedirle a la gente que no piense en nada que uno no le diga... Y que se afloje, que afloje piernas y brazos, como cuando va a descansar sabroso. Pero, claro, hay que decírselo con autoridad; para que se dé cuenta de que sabes lo que le estás diciendo y que sabes a dónde la vas a llevar. Y ni siquiera hablemos de palabras, porque todas sirven y porque no importa lo que dices, sino cómo lo dices.

En cuanto a la manera traicionera, hay que decir que es igualmente sencilla, pero implica una gran práctica, porque el primer requisito impone que el hipnotizador posea una enorme confianza en sí mismo, en su método y en su conocimiento de los diversos temperamentos humanos, a fin de aplicar a cada uno la técnica adecuada para crear una potente esfera de sugestión. De hecho, también los principiantes pueden acceder a esta capacidad hipnótica, aunque sólo con las personas a las que ya hayan hipnotizado antes por medio de la voluntaria aceptación de la labor de sugestión y magnetismo, y la consiguiente disposición a sumirse en el trance hipnótico. De ser así, ya no encontrarán ninguna dificultad para hacer que tales personas vuelvan a caer en trance hipnótico en cuanto se les ordene hacerlo, aun cuando se haga de manera intempestiva.

Cuando Gastón hablaba de hongos y hierbas, aludía particularmente a los hongos alucinógenos y a todas las yerbas y sustancias vegetales que se fuman; para hacer uso de ellas, se requiere la intervención de un brujo conocedor de sus efectos. Sin embargo, consideramos conveniente incluir en esta categoría cualquier droga sintética destinada a someter una mente a la voluntad de otra, como sería, por ejemplo, el pentotal sódico.

Puede parecer aberrante reunir los sistemas naturales y artificiales de inducir el sueño hipnótico, porque sus efectos son muy distintos. No obstante, el hecho primordial es que tales efectos tienen lugar en el mismo órgano: el cerebro, que fue mucho mejor comprendido en la Antigüedad que hoy.

Es preciso que adquiramos una visión más universal de su naturaleza, a fin de comprender inmediatamente cuánto puede hacer el hipnotismo por nosotros en los órdenes fisiológico y espiritual.

El cerebro, el gran desconocido

Partiendo de la idea inexacta de que el cerebro es el órgano del pensamiento y apoyándose en una teoría mecanicista, se ha generalizado la creencia de que hay una relación de causa-efecto entre las estructuras cerebrales y las aptitudes intelectuales. Ciertamente, es posible localizar de manera más o menos precisa una función en una región concreta del córtex.

En este punto se encuentra el área olfativa, en este otro la del gusto. Si tocamos aquí, al sujeto le parecerá olfatear un exquisito perfume o un delicioso guiso. Si tocamos allá, que es el área auditiva, creerá haber escuchado algo...

Semejantes juegos se practican creyendo que, en efecto, se está ante el mecanismo central del ser humano, y pretenden demostrar que lo espiritual sólo es una fantasía producida por el espléndido órgano que ha permitido al hombre convertirse en rey del cosmos.

La naturaleza de la inteligencia

Existe una teoría que relaciona las diferencias físicas de los cerebros con las desigualdades intelectuales, excepto, naturalmente, en determinados casos patológicos, como, por ejemplo, el de la microcefalia.

El profesor estadounidense White, interrogado sobre la naturaleza esencial de la inteligencia, contestó:

> La inteligencia puede ser medida y definida mediante analogías, pero no puede decirse de qué está hecha. No podemos explicarla químicamente, tampoco eléctricamente: si estudiamos el cerebro de un genio, se nos presenta en todos los aspectos idéntico al de un idiota. Su materia es la misma. Nadie puede decir qué es lo que hace de un hombre un brillante matemático, de otro, un músico maravilloso y de un tercero, un temible asesino.

El cerebro no produce ideas, las capta

El cerebro no es el órgano del pensamiento, al menos, no del pensamiento elevado, creador, el que no es producido exclusivamente por asociaciones de otras ideas para generar un resultado. El cerebro es, por el contrario, un frágil instrumento para captar los brillos intelectuales que, como los luceros del cielo, pueblan la totalidad del universo y están destinados a no se sabe cuántos instrumentos de este mismo tipo, distribuidos en no se sabe cuántos mundos.

La capacidad de asociar ideas, ciertamente, es una de las grandes potencias de la inteligencia y es una función con localización material en el cerebro. Sin embargo, no sucede lo mismo con la potencia creadora llamada *genio*, *inspiración*, *talento* y tantos otros sinónimos referentes a su naturaleza superior. El genio procede de una dimensión espiritual con la que el cerebro está en relación, de la misma manera que lo está la antena respecto al radiorreceptor.

Múltiples civilizaciones, particularmente orientales, conciben el cerebro como un instrumento que, bien orientado, ha de captar la voluntad de su creador y, a la vez, hacerle llegar a este la del hombre.

Precisamente a partir de la realidad telepática y, en particular, del estudio del halo o aura y sus relaciones con el universo, se pone de manifiesto que el cerebro sólo es una gran antena, y no el órgano del que emanan el pensamiento y la personalidad.

A diferencia de lo que se ha creído tradicionalmente, el cerebro tampoco produce las ideas, sino que las capta y las procesa o adapta para ajustarlas a las condiciones de tiempo y espacio.

En este contexto, resulta evidente que la telepatía sólo es uno de los muchos fenómenos que la verdadera naturaleza del cerebro puede presentar, aunque en la actualidad no es uno de los más reconocidos y estimados, a diferencia de la consideración que recibía en el pasado.

Sin duda, a la telepatía le debe la humanidad haber pasado de la condición simiesca a la humana, e incluso haber sobrevivido en la forma bípeda, adquirida en África hace unos cinco o seis millones de años, cuando un muy posible cambio climático originó el crecimiento del cerebro; entonces, la mano dejó de ser un simple miembro locomotor y se hizo imprescindible una forma amplia de comunicación para el aprovechamiento de la caza.

Finalmente, es preciso observar que la diferencia esencial entre el humano y los demás seres vivientes radica por completo en el «don cerebral» de captación —y no de simple asociación—, que le permite beber directamente del mar del conocimiento en el que se halla sumergido todo el universo y en el que Dios mismo se recrea. Este océano ha sido llamado también *alma universal* por los iniciados de casi todos los tiempos y se considera que no es una realidad aislada de la divinidad, sino una manifestación más de su naturaleza, en la que, de hecho, está incluida.

Durante milenios, desde que Hipócrates dedujo que el talento para las artes y para cualquier forma de creación emanaba de la calidad del complejo órgano de algo más de un kilo de peso que se asentaba en el cráneo, se ha vivido en el error. La realidad es que el cerebro sólo es una antena creada para captar y procesar la información. Una antena esencialmente idéntica en todos los seres humanos, como se reconoce en el ámbito científico y resume Chauchard en su obra *Le cerveau humain*:

> Escrutamos en vano el cerebro de los grandes hombres y el de los criminales, pues todos los cerebros se parecen y las investigaciones individuales no muestran ningún paralelismo con la inteligencia.

Lo que no es el cerebro

En el plano anatomopatológico, no hay ninguna correlación válida entre lesiones cerebrales y nivel intelectual. De hecho, aunque graves lesiones cerebrales determinan el retraso mental (no podríamos pensar sin cerebro), no todo retraso va acompañado de tales lesiones. Por otra parte, las experiencias de hemisferectomía, de lobectomía y de lobotomía demuestran que las relaciones entre la inteligencia y el sistema nervioso central siguen sin precisar.

El trabajo de J. de Ajuriaguerra y H. Hecaen sobre el córtex demuestra suficientemente, por otra parte, la dificultad de localizar la inteligencia y la diferencia entre el déficit funcional (del tipo síndrome de Gertsman, por ejemplo) y el déficit intelectual.

La ventriculografía (P. Berenstein y M. Dabbah) y la electroencefalografía (M. Fischgold, C. Dreyfus-Brisach, C. Blanc , D. Hill, G. C. Lairy) confirman la ausencia de desórdenes neuroanatómicos y neurofisiológicos específicos del retraso. Las alteraciones del trazado electroencefalográfico que aparecen en el retraso son, en efecto, del orden funcional de la no maduración, y no del orden anatómico de la lesión. Por lo demás, estas alteraciones desaparecen de forma espontánea hacia los doce años, independientemente de toda modificación del nivel intelectual del retrasado.

En otras palabras, el cerebro sigue siendo igual para todos. No puede decirse que la radio esté mal, sino que la antena está imposibilitada para conseguir una buena sintonía. Pedimos perdón por la comparación que, por otra parte, debe considerarse necesaria en muchos aspectos, ya que el propósito de esta obra es divulgar la naturaleza del fenómeno hipnótico, en el que, indudablemente, el cerebro revela su naturaleza de antena; más aún, debe ser orientado, situando en la dirección conveniente la coronilla o parte superior del cráneo, como expondremos con detalle más adelante.

El cerebro es una antena

Así, consideramos el cerebro como una antena para el manejo adecuado del cuerpo en el mundo, así como para relacionar al ser humano íntegro (cuerpo, energía periespiritual y espíritu) con la estructura total del universo.

Hay que resaltar sus admirables condiciones para la supervivencia, llegando a suplir admirablemente sus propias carencias. Es decir, a un hombre que se sirva preferentemente de la mano derecha, podría extirpársele todo el hemisferio derecho sin que ello afectara para nada a su inteligencia. A un niño, antes de la edad de la adquisición del lenguaje, se le podría suprimir el hemisferio del lenguaje y no por ello dejaría de hablar (gracias al otro hemisferio).

Lucien Sève lo expuso de manera categórica:

> El cerebro humano posee unos márgenes biológicos de seguridad extraordinariamente elevados, constituidos por masas enormes de neuronas que no hacen nada, pero que pueden ponerse a desempeñar un papel determinante si son solicitadas.

Aun sabiendo esto, todavía no se intuye la esencia de la función cerebral, a la que seguiremos comparando con la de una antena, por más que su complejidad merezca una admiración incondicional, después de entender que no es la fuente de ideas.

En efecto, la función esencial del cerebro es la de acceder al conocimiento, ordenarlo y orientar a la persona para que pueda servirse de él. No obstante, lo primero es lograr la sintonía; orientar adecuadamente la antena. Y semejante condición no siempre se produce, ya que hay fenómenos que aún deben buscarse en el ocultismo, porque la ciencia los califica como «desconocidos». Son muy comunes los casos de metamorfosis intelectual en niños retrasados que, súbitamente, por razones que parecen misteriosas, «empiezan a comprender», exactamente como se esperaría que sucediera cuando se ajusta el botón sintonizador de una radio o se orienta su antena.

Se ha tratado al cerebro como si fuera un órgano productor de lo que capta, cuando, en el plano universal, sólo es un formidable receptor selectivo y un discreto emisor, por lo que no todos los canales están disponibles (ni con la misma fidelidad) para todas las naturalezas, caracteres o personalidades. Y, movidos por el error de considerar que todo está encerrado en él, numerosos investigadores han intentado localizar directamente las funciones psíquicas complejas en la corteza cerebral y han emitido hipótesis como las de *centros* de la palabra, de la escritura, de la lectura, de las matemáticas (¡la famosa protuberancia de los matemáticos!). Se ha llegado hasta el extremo de buscar un centro fisiológico de los impulsos religiosos. El psiquiatra alemán Kleist ha tratado de indicar la circunvolución cerebral que va unida a este fenómeno sociopsicológico complejo que es el *yo religioso* del hombre y al que la ciencia, debido a las múltiples limitaciones que se ha impuesto, parece incapacitada para enfocar. De hecho, esta es una de las ocurrencias más aberrantes que se han derivado del error de considerar el cerebro como punto de nacimiento de las ideas.

Por otra parte, siempre ha habido la tendencia a equiparar el cerebro con los adelantos científicos más representativos del momento. Así, en el siglo XIX, siglo del reinado de la electricidad, se representó al cerebro como una central telefónica: apareció la idea del arco reflejo. Actualmente, se recurre a un esquema cibernético para explicar el funcionamiento del cerebro.

Vygotski dijo acerca de la naturaleza del cerebro:

Es un sistema altamente complejo de partes individualizadas, o «bloques», cada una de las cuales cumple con una función determinada. Su trabajo conjunto permite que el hombre reciba la información que procede del mundo exterior (aunque él mismo no sospecha la inmensidad de tal exterioridad). Asimismo, le posibilita crear una imagen subjetiva del mundo objetivo, pronosticar el futuro, apreciar los resultados de sus actos y regular su comportamiento.

El admirable doctor Vygotski no pudo imaginar el portentoso alcance que tendrían estas palabras en el momento en que pasaron de su mente al papel en que las escribió. Sin duda, él se contentó con remarcar la importancia de que no hay ni un solo hecho que apoye la hipótesis de que las realizaciones intelectuales del cerebro humano dependen directamente de sus particularidades anatómicas y fisiológicas.

El cerebro iguala al sabio y al troglodita

Todo demuestra, por el contrario, que el cerebro es un conjunto de posibilidades que sólo se revelan mediante activación. Y esta activación está determinada por el conjunto de las relaciones dinámicas que unen al individuo con el universo que le rodea.

Esta reserva de posibilidades que el cerebro, ese «órgano imponente», posee es inmensa. El doctor Sève especifica, para dejar bien establecida la naturaleza de esta masa que aún encierra tantos y tan grandes secretos para la ciencia, que el cerebro del hombre es extremadamente rico en neuronas y aporta el sistema biomecánico que permite todo progreso cultural; en otras palabras, el cerebro capta los elementos precisos para dar lugar a ese progreso cultural. Y concluye, rotundamente, que el sabio más grande y el cavernario más primitivo tienen exactamente el mismo cerebro:

> No es que entre estos dos cerebros no pueda haber diferencias. Lo que ocurre es que, en el estado actual de nuestros conocimientos, la diferencia —real— de inteligencia entre estos dos individuos debe ser atribuida a la diferencia de las condiciones en que una parte de las posibilidades inmensas del cerebro han sido activadas.

O sea, que algo a lo que por el momento designaremos sólo como *destino* es la fuerza que activa ciertas partes del cerebro de cada persona, imprimiéndole una clave que la hará distinta del resto de la gente.

Una de las grandes verdades enunciadas por Karl Marx, sin que quizás él mismo comprendiese la importancia de cuanto implicaba, fue la de señalar lo siguiente:

> Ningún filósofo presenta en relación con un mozo de cuerda, por lo que respecta a los dones

naturales y al espíritu, ni la mitad de la diferencia que hay entre un mastín y un galgo.

La chispa que separó al hombre de las bestias

Así pues, el obstáculo fundamental para una interpretación correcta de la naturaleza del psiquismo humano procede de la confusión provocada por el evolucionismo biológico y el materialismo vulgar, que comparan la evolución de la especie humana con la evolución de la especie animal, por más que en sus orígenes el hombre se haya encontrado en tal categoría, hasta que le fue infundida la chispa divina que le permitió acceder al mar espiritual del conocimiento, del cual brota todo pensamiento puro (en el sentido de que no es producto de una mera asociación de ideas) y toda inspiración creadora.

Trasfondo del sueño hipnótico

L a hipnosis tiene en el hombre un efecto tan distintivo como distinto es su cerebro al del resto de los seres. Y, aunque su cerebro tiene como función principal captar las ideas y los impulsos creativos que luego ha de interrelacionar con lo ya existente para generar nuevos niveles de desarrollo, también lo es que guarda una inseparable relación con la segunda naturaleza humana, la espiritual. Por ello, el trance hipnótico puede favorecer la manifestación de una u otra, con todas las implicaciones que tal hecho puede tener, y tiene, en el mundo de los conceptos materialistas —la menor es, sin duda, el asombro—.

El trance hipnótico

Por lo que respecta a la admisión de los fenómenos y las implicaciones producidas por el trance hipnótico, finalmente se ha reconocido que se trata de una predisposición natural —exaltada artificialmente— a una forma de trance onírico en la que el cerebro encuentra libertades excepcionales que pierde en cuanto vuelve a ser gobernado por la conciencia.

Diferencia entre el sueño natural y el hipnótico

Se ha establecido, asimismo, que el estado de hipnosis se diferencia esencialmente del sueño natural en que no reduce la sensibilidad y es posible concentrar la atención conscientemente en una idea o propósito.

Además, como insistiremos y demostraremos a lo largo de esta obra, el trance hipnótico es un excelente medio para disponer de la mayoría de «las otras facultades de la mente», como la de la mediumnidad, siempre que el sujeto y el operador se encuentren debidamente preparados y fortalecidos para resistir la impresión de cuanto puedan encontrar.

En efecto, el hipnotizador debe saber mantener en todo momento el control de la situación, a fin de conducir al sujeto tan profundamente como demuestre ser capaz de resistir, pero estando listo para sacarlo del trance en cuanto sea evidente que está enfrentándose a algo que lo aterra, que lo subyuga excesivamente o que amenaza con adueñarse de su mente y de su cuerpo, o bien que lo está utilizando para manifestar su talante burlón, haciéndole perder tiempo, paciencia y energía.

En condiciones normales, y antes de iniciar los procedimientos, se observa en los individuos susceptibles a la sugestión una capacidad de concentración muy intensa, que por sí misma también tiene aplicación y gran valor en todas las funciones de percepción extrasensorial.

La personalidad del hipnotizador

El hipnotismo es una de las grandes fuentes de poder —si no la mayor—que pueda imaginarse. Se trata de la realidad más envuelta en velos de leyenda que haya existido jamás, pero entraña también una larga serie de peligros.

Como toda forma de poder, expone a ciertos riesgos a todos los que participan de su influjo, tanto de manera activa como pasiva. Por eso, el hipnotizador que no respete, en primer lugar, a sus semejantes y busque divertirse o beneficiarse con las características de esta potencia mental, sin aguardar siquiera a estar seguro de dominarla, será un auténtico irresponsable. Si, además, está ansioso por perfeccionar este poder con fines lucrativos, ejercer como curandero, beneficiarse espiando los secretos de la mente ajena, vencer el rechazo de la persona deseada, lograr interesadamente que alguien cambie sus sentimientos o modifique artificialmente sus propósitos, entonces se le puede tachar, sin duda, de perverso e, incluso, de delincuente.

Asimismo, cuando el hipnotizador carece de la personalidad sólida que se requiere, existirá el riesgo de que los acontecimientos lleguen a sobrepasarlo en cualquier momento, en especial cuando haya conseguido adentrar al sujeto en los niveles más profundos del trance, o en el momento de hacerle despertar.

No han sido raros los lamentables casos en los que el experimento ha sido desestabilizado por elementos peligrosos que yacían ocultos en la profundidad del sujeto, por visiones captadas por este telepáticamente o por una entidad espiritual adversa, con lo cual el sujeto ha experimentado daños en ocasiones tan irreversibles como la muerte, debido a que el hipnotizador no supo rescatarle oportunamente y se dejó dominar por su inexperiencia y su falta de carácter para mantenerse al mando de la situación.

Así pues, resulta imprescindible apuntar una recomendación básica: ¡cuidado con estas terribles limitaciones!:

- la torpeza;
- la frivolidad;
- la cortedad de espíritu;
- la euforia de poder;
- la indiscreción.

Utilidades sociales de la hipnosis

Una alternativa
en la investigación policial

Los servicios prestados a la sociedad por hipnotizadores expertos son muy considerables; actualmente, destaca la creciente aceptación de estos servicios, antes tenidos como «demostración oficial de ignorancia y superstición», por la policía que ve en ellos alternativas revolucionarias a sus tareas de localización e identificación delictivas.

En efecto, la policía de muchos países se ha beneficiado, antes y ahora, de lo que puede conseguirse en materia de investigación con sólo pedir ayuda a personas dotadas con una especial sensibilidad mediumnímica, que, en trance hipnótico, inducido por un experto o por sí mismas, consiguen hallar pistas, rostros o cuerpos del delito que nadie fue capaz de encontrar de ninguna otra manera.

De este modo se han resuelto numerosos casos de secuestro. Para ello, no sólo han colaborado videntes, sino personas sensitivas que conocían en profundidad a las víctimas, lo que les facilitaba considerablemente la tarea de localizarlas o de ubicarse en el momento de la ejecución del delito para ver las circunstancias en que fue cometido y las medidas que los malhechores tomaron para ocultarlo. Así, pueden describir los lugares y la fisonomía de las personas. Lo mismo consiguen cuando se les proporciona una pieza de ropa o un objeto que haya estado en contacto con la persona buscada, ya que, como hemos repetido a lo largo de esta obra, en trance hipnótico la mayoría de las personas pueden captar e identificar el aura de seres a los que han conocido profundamente; sin embargo, la identificación general requiere mayores dotes naturales.

Auxiliar de la medicina

El hipnotismo y la acupuntura son los dos procedimientos que atienden las realidades científicamente menos consideradas en los grandes salones internacionales, donde reina la autoridad del Nobel. Y es que, también en lo cultural, tiene aplicación el axioma que proclama: «Médico con instrumento de brujo, será por siempre brujo; brujo con instrumental de médico, seguirá por siempre brujo».

De poco vale que la hipnosis haya probado ser un medio portentoso para ayudar a erradicar de la mente diversos tipos de problemas que afectan destructivamente a muchos pacientes, desde el hábito de fumar hasta enfermedades psicopatológicas de extremada gravedad.

Sin embargo, tampoco se le ha descalificado definitivamente. Más aún, ocupa un sitio muy destacado entre los recursos médicos, pero no es menos cierto que sólo es empleado como último recurso o como la menos arriesgada de las posibilidades.

Este tipo de medicina tiene unas magníficas aplicaciones: contribuye a sacar el máximo provecho del psicoanálisis, devuelve al cuerpo facultades perdidas a causa de enfermedades psicosomáticas adquiridas por sugestión o cualquier forma de neurosis. Es excelente para producir estados de anestesia en situaciones en las que no es posible administrarla al paciente químicamente o por otros sistemas.

Hipnosis y acupuntura son la manifestación de la realidad del periespíritu que, como corriente de tipo electromagnético, pasa por todos los puntos del cuerpo y mantiene correspondencia entre los aparentemente más opuestos. La acupuntura canaliza, intensifica o disminuye el flujo de esta corriente, mientras que el hipnotismo crea las condiciones físicas generales para que tal efecto tenga lugar con la mayor rapidez y efectividad posibles, además de ser capaz por sí mismo de realizar muchas de las funciones de la acupuntura al encauzar el flujo de tal manera que, por ejemplo, se anule total o parcialmente la sensibilidad y no sea necesario emplear anestésicos de carácter químico.

Los cinco mayores peligros de la hipnosis

En definitiva, son muchas las utilidades de la hipnosis, pero también las inconveniencias. En cualquier caso, todas están sujetas a la capacidad del operador que hipnotiza y del sujeto hipnotizado.

Veamos, a continuación, cuáles son los cinco rasgos que tradicionalmente se han considerado como los mayores riesgos potenciales de la sesión hipnótica:

1. La incómoda dependencia del sujeto respecto del hipnotizador.

2. El poder del hipnotizador para arrancar sus secretos al hipnotizado.

3. El riesgo que ante un hipnotizador hábil y sin ética puede correr la intimidad del sujeto.

4. La posibilidad de impartir órdenes posthipnóticas nocivas.

5. La eventualidad de causar una impresión traumática debido a un tratamiento desconsiderado o inexperto.

La conveniencia de un observador

Para evitar estos riesgos, es muy conveniente que en toda sesión se halle presente, por lo menos, una tercera persona que ejerza como observador de lo que ocurre. Deberá permanecer inmóvil y en silencio, absteniéndose de intervenir, a fin de no propiciar un ambiente caótico o inquietante. Sólo deberá actuar si considera que sería peligroso continuar la sesión, y lo hará exigiendo, sin alzar la voz ni perturbar al sujeto, que este sea despertado de inmediato. En caso de que no se atendieran sus llamadas a la prudencia, tampoco deberá intervenir tratando de despertar al sujeto, sino que deberá ir en busca de otras personas, cuya presencia silenciosa deberá servir para que el hipnotizador torpe suspenda de inmediato su acción y proceda a despertar al sujeto.

Ejercicios preparatorios

S e trata de ejercicios para predisponer tanto al hipnotizador como al hipnotizado; particularmente a este, sobre todo si se trata de una persona desconocida para el operador. Por ello, no es conveniente describir estos ejercicios ante los sujetos apuntando que su base principal es el hipnotismo, ya que es preciso evitar toda reacción defensiva que posteriormente haría inabordables a quienes han conocido al operador como «persona común y sin pretensiones paranormales».

«Juguetes paranormales»

No son pocos los sujetos a los que les resulta mucho más difícil seguir las sugestiones de un hipnotizador al que conocen íntimamente, frente a las de uno desconocido, sobre cuya personalidad pueden tejer una red de fantasía.

Como ya se ha señalado con anterioridad, las personas que van a someterse a una sesión de hipnotismo no deben conocer la naturaleza exacta de estos ejercicios; para ellas se tratará sencillamente de ejercicios sobre magnetismo, simples «juguetes paranormales». El hipnotizador debe tener siempre presente que si muestra el mecanismo real de sus acciones, podría provocar uno de estos dos efectos:

— atemorizar o llenar de desconfianza a quien, conociéndole bien, nunca le vio hacer algo tan fuera de lo común;
— disminuir, privar de encanto y vulgarizar lo que intenta hacer, dificultando así su realización y arriesgándose, por el contrario, a que los sujetos terminen sugestionándole, haciéndole creer que su esfuerzo será ingrato y estéril.

La sugestión de la palabra

Es evidente que para lograr el trance en el sujeto, el hipnotizador no pronuncia ninguna palabra en vano. Esto no significa que se trate de un conjuro que deba repetirse con precisión. Cada palabra contiene un significado, una intención y una carga de autoridad; inspira tranquilidad y reposo; solicita la entrada del sujeto en el universo del sueño; y forma el puente por el que hipnotizador e hipnotizado van a quedar unidos. El primero es el guía y el segundo, el viajero dócil, dispuesto a vivir momentos maravillosos y a lograr un fin, un beneficio específico.

Las frases dichas por el hipnotizador han de poseer un ritmo que inspire sosiego, pero también tienen que incluir vibraciones que sugieran autoridad y seguridad. Nadie podría confiar plenamente en un guía que se mostrara inseguro o que pareciese conceder poca importancia a la seguridad del viajero.

Por otra parte, las frases nunca son fórmulas fijas. No existe —insistimos— el conjuro hipnótico que con sólo recitarse produzca el encantamiento del trance. Cada una de las palabras es siempre improvisada, pero hecha a la medida de la ocasión, según la apreciación que el hipnotizador hace de acuerdo con su sensibilidad y las condiciones anímicas y psíquicas del sujeto.

El hipnotizador principiante

A continuación, le ofrecemos una serie de ejercicios y pruebas para orientarle en su naciente faceta de hipnotizador, pero sepa que usted mismo deberá componer sus rutinas con los elementos que la experiencia le muestre más apropiados a su estilo.

Mida previamente su potencial con cada persona

Iníciese desarrollando su potencial como hipnotizador de manera segura, sin temor al fracaso, empezando por comprobar los grados de poder sugestivo que puede ejercer de inmediato.

Con estos ejercicios logrará efectos bastante espectaculares que cimentarán su seguridad en sí mismo y en la efectividad de lo aprendido en estas páginas.

Para ello, bastará con que explique a las personas que se acerquen a usted con un mínimo de curiosidad que desea someterlas a algunas pruebas que pondrán de manifiesto su capacidad para multiplicar o potenciar capacidades paranormales a través de la hipnosis. Esto, en efecto, es una gran verdad. Como afirmó el psiquiatra estadounidense Ralph Urbino, de la Universidad de Los Ángeles (California), cuanto más complejo es el sistema de interrelaciones cerebrales, mayores serán sus capacidades de adaptación y ajuste, así como la calidad de sus sueños.

Es un hecho que los sueños poseen calidad, alcance y trascendencia; y el punto máximo de estas cualidades sólo puede lograrse en la esfera del sueño hipnótico, porque realiza a la perfección el cometido que los sueños habituales cumplen de manera insuficiente: ayudar a la persona a escapar del estrés o de problemas de carácter fuera de lo que la naturaleza imaginó como «normales». Sin ninguna duda, para estos casos se dispuso el nivel especial del sueño hipnótico. Por lo tanto, es más que comprensible el deseo de la mayoría de las personas de conocer su propio potencial hipnótico como sujeto. Para establecerlo, recomendamos los siguientes ejercicios.

PRIMER EJERCICIO: PRUEBA DEL TIRÓN MAGNÉTICO

Colóquese de pie frente al sujeto. Este ha de tener una actitud relajada, pero su postura debe ser recta: pies juntos y brazos extendidos a lo largo de los costados. Colóquele la yema del pulgar en el entrecejo mientras le indica:

> Cierra los ojos y deja que mi magnetismo empiece a actuar con el tuyo. Poco a poco irás sintiéndolo con mayor claridad.

Al mismo tiempo, debe desplazarse hacia la espalda del sujeto, pero sin perder el contacto con él a través del pulgar que tiene situado en el entrecejo y que ahora, sin despegarlo, hará pasar sobre la ceja y la sien hasta llegar a la nuca. Adviértale entonces:

> A partir de este momento ya no te tocaré físicamente, pero tiraré de ti por medio de la unión de nuestras fuerzas electromagnéticas. No te resistas, no hagas por mantener el equilibrio, que yo te sostendré inmediatamente. Mis manos giran sobre tu espalda sin tocarla y una fuerza invisible tira de ti hacia mí. No te resistas. Mis manos te detendrán inmediatamente.

Al cabo de un minuto el sujeto pierde, efectivamente, el equilibrio y cae de espaldas hacia usted. Si esto no ocurriera —lo cual sólo sucede en raras ocasiones, cuando la personalidad del hipnotizado se resiste a admitir la del hipnotizador—, hágale entender que es él quien está fallando, que está tenso, que está descuidando la capacidad de concentración y que si se siente inseguro le recomienda dejar la prueba para otro día.

Es importante que se vea que el fracaso no procede de usted, sino del sujeto (sin duda, no tardará en ofrecerse otro voluntario para realizar el experimento).

Si por el contrario, el sujeto mostrara una rápida respuesta de sugestión, puede estar seguro de que reaccionará perfectamente a las siguientes sugestiones hipnóticas.

Otro experimento de este tipo, que tanto tienen de espectacular para animar reuniones sociales, es el entrelazamiento inseparable de los dedos. Para realizarlo debe pedirle al sujeto que permanezca de pie ante usted, con los pies juntos y los brazos extendidos hacia el frente. Tómele las manos y practique en ellas presiones destinadas a conseguir que relaje los músculos al máximo, explicándole que debe renunciar a toda tensión y tranquilizarse, tratando de dejar su mente completamente en blanco. A continuación, indíquele que entrelace los dedos de ambas manos tan fuerte como pueda, pero sin hacerse daño. Siga impartiendo presiones sobre los músculos, mientras le va diciendo que, pese a todo, los músculos se van tensando progresivamente, cada vez están más y más tensos. Para finalizar, practique presiones a lo largo de los brazos, sin dejar de señalarle verbalmente el progresivo endurecimiento de sus músculos:

> Tus músculos ya son como piedras, hasta el punto de que serás incapaz de separar las manos en cuanto te pida que lo intentes.

En efecto, ante los ojos de todos los presentes el sujeto empezará a luchar inútilmente por librarse del agarre de sus propios dedos. Se le deberá dejar que lo intente por espacio de algunos segundos, pero nunca más de un minuto.

Entonces, proceda a realizar la sugestión inversa, diciéndole —al mismo tiempo que vuelve a presionarle los músculos de los brazos— que sus dedos empiezan a aflojarse, lentamente, cada vez más... hasta que, transcurridos unos segundos, vea que sus manos se separan sin ninguna dificultad.

Improvise sus propios experimentos

En realidad, el principio de sugestión y pases magnéticos sobre el que se basan estos «juguetes paranormales» es de una gran simpleza. Tan sólo se requiere haber adquirido un cierto dominio sobre las técnicas descritas en esta obra y se estará en condición de diseñar algunas exhibiciones sumamente interesantes, desde las cuales poder seguir incluso hasta el trance hipnótico mismo.

Algunos maestros han suplido, por ejemplo, el entrelazamiento de las manos por la imposibilidad de soltar el asa de una taza de café. También han hecho que el sujeto experimente una absoluta petrificación de los músculos de la mandíbula, con lo que se encuentran imposibilitados para abrir la boca siquiera para hablar.

La mayor utilidad de estos ejercicios estriba en la ayuda que ofrecen al hipnotizador principiante, temeroso del fracaso, ya que de esta forma siempre será el sujeto el incapaz a la vista de todos, además de que nadie se sentirá temeroso ante estos discretos juegos que no incluyen la pérdida de la conciencia. Luego podrá pasarse a la realización de experimentos como los que describimos más adelante, en los que interviene en mayor grado la naturaleza sobrehumana del hombre.

Hipnosis y energía vital

El doctor Papus fue uno de los primeros cronistas de lo parapsicológico que reseñó detalladamente la vinculación de la hipnosis con la energía vital, también conocida como *halo*. He aquí cómo se especifican los primeros indicios de esta realidad que hoy es la base de un gran número de experimentos universitarios. La Escuela de París demostró que toda persona hipnotizada ha de pasar por tres estados o fases característicos:

- letargo o somnolencia: aceptación, propiciación e iniciación del sueño;
- hipotaxia o catalepsia: reducción de la movilidad y la sensibilidad;
- automatismo o sonambulismo.

Letargo o somnolencia

El letargo es una condición muy propicia para la autosugestión.

De hecho, cualquiera puede recurrir a esta condición y aprovecharla como inicio de una labor de autosugestión.

Es muy conveniente que el principiante en las artes del hipnotismo tenga en cuenta este estado transitorio y su subdivisión en dos niveles, durante los cuales el sujeto puede resistirse a cerrar los ojos.

PRIMER NIVEL

Este nivel implica apenas una mínima reducción de la conciencia, que empieza a tener lugar por el solo acto de recluirse en una habitación silenciosa, acomodarse en un sillón y cerrar los ojos con el propósito de efectuar una introspección, sirviéndose de un sonido acompasado o monótono para favorecer la concentración: por ejemplo, el de un reloj de pared o el de la gota de un grifo mal cerrado, incluso, en último término, el propio ritmo cardiaco o el de la respiración. Se ha comprobado que en este estado ya se asimilan adecuadamente algunas sugestiones de carácter terapéutico.

En el segundo nivel del letargo la reducción de la conciencia es mayor, equivalente al de los momentos inmediatamente anteriores al sueño común. Los ritmos cardiaco y respiratorio han disminuido. El sujeto experimenta pérdida del control muscular, pesadez general e incapacidad de razonar por sí solo.

Algunos especialistas consideran este estadio como un «onirismo hipnótico» muy semejante a la condición de soñar despierto, en el que se pueden asimilar sugestiones ajustadas a sus necesidades físicas y emocionales, lo cual implica que han de resultarle necesariamente satisfactorias o alentadoras, a diferencia de la condición del sujeto realmente hipnotizado, que no puede hacer ningún tipo de discriminación sobre las órdenes que le imparte el hipnotizador.

No debe confundirse la condición de este segundo nivel letárgico con la de una hipnosis superficial propiamente dicha, ya que, aun cuando ambas son esencialmente frágiles, el estado letárgico no asimila apreciables grados de sugestión.

Hipotaxia o catalepsia

Veamos la descripción que realiza el célebre doctor Papus:

Al principio el sujeto puesto en trance queda su-
mido en un sueño profundo. [...] Tiene ya cerrados los ojos, los miembros flácidos, y la insensibilidad en su piel y mucosas es completa. Es la
base denominada *letargia* o *letargo*.

Alude al segundo nivel, que ya ha sido sobre-
pasado considerablemente en este nuevo estadio.
El sujeto no podrá abrir los ojos en contra de la
voluntad del hipnotizador, cuyas sugestiones aca-
tará. Si en este estado se hiciera abrir los ojos al
paciente, de manera que la luz llegase a excitar
los centros nerviosos, o bien se le produjera una
fuerte y súbita excitación en el oído, se vería que
el paciente conserva la actitud dada originalmente
a sus miembros y a sus órganos, permaneciendo
con los ojos abiertos y la mirada fija. Esta es la segunda fase del trance hipnótico, la catalepsia.

Automatismo o sonambulismo

Una nueva excitación cerebral da lugar a un
nuevo estado, en el que el paciente toma ya parte
en lo que acontece en torno suyo, oye a los que le
hablan, podría incluso ocuparse de sus habituales
quehaceres, y se muestra receptivo a las «sugestiones». Este es justamente el estado de los que
se levantan por la noche para reanudar el trabajo

que realizan durante el día, o para pasear por las azoteas, y que es conocido como *sonambulismo*; ocupa la tercera y última fase del trance hipnótico, según la Escuela de París.

Después del sonambulismo una sugestión despertaba al paciente, y con esto se pretendía demostrar que sólo había tres fases capitales en la hipnosis.

Estados profundos de hipnosis

Modificando los procedimientos empleados habitualmente y volviendo —cuando el paciente se hallaba en estado sonambúlico— a las prácticas de los antiguos magnetizadores, a los pases, Rochas descubrió que era posible inducir otros estados, a los que dio el nombre de estados profundos de hipnosis.

Primer grado de profundidad hipnótica

En este nivel del sueño hipnótico ya puede hablarse de profundidad y aptitud para las sugestiones terapéuticas trascendentes. Sin embargo, debe considerarse que se trata todavía de una condición accesible a la mayoría de las personas y se le considera el terreno más concurrido por los autohipnotizadores.

En este estado el hipnotizado conserva la idea de hallarse dormido: así tenderá a mostrarse, aunque en alguna parte de su mente se mantiene alerta, vigilando. Esta conducta aparentemente contradictoria no muestra sino los efectos del instinto de conservación, que impone un cierto grado de desconfianza ante la eventualidad de renunciar a la conciencia y dar poder sobre ella a otra persona. Así pues, se trata sólo de una aparente falta de sentido entre el propósito de ser hipnotizado y la aceptación.

Semejante estado de resistencia se prolonga todavía durante algunos peldaños en el descenso a las profundidades hipnóticas, de manera que cualquier orden del hipnotizador ha de corresponderse con el margen de lo que el hipnotizado considera admisible.

Segundo grado de profundidad hipnótica

Al llegar a este nivel, el hipnotizado experimenta una extraña ampliación de su sensibilidad. De hecho, sus cinco sentidos parecen agudizarse, particularmente el del oído, de manera que le es posible percibir y «separar» cada sonido, aunque sin hacer nada para identificarlo, ya que ha renunciado a esto y a cualquier impulso de la conciencia, aunque no por ello deja de mantener cierta convicción de que no se halla realmente dormido.

Tercer grado de profundidad hipnótica

A pesar de la semioculta intención de no ceder la totalidad de la conciencia al dominio hipnótico, conforme el hipnotizado cobra todos los signos del sueño pasa a la fase más profunda del trance, durante la cual conservará la cualidad de mantenerse en contacto con el hipnotizador (*rapport*, en el lenguaje técnico). No se trata de una característica exclusiva del trance hipnótico, ya que puede darse en muy diversas circunstancias dentro del sueño normal. Ejemplo de ello serían casos como la madre que se despierta en cuanto su bebé recién nacido experimenta algún cambio en el curso de su sueño, o el hombre que, sin despertar, suspende su ronquido en cuanto alguien se lo pide, o el soldado que escucha el crujido de una hoja pese a que a su alrededor ensordece la artillería.

No debe olvidarse que una de las condiciones más destacadas de la hipnosis es la de que el hipnotizado mantiene una noción más o menos precisa e idealizada de cuanto ocurre a su alrededor, lo que no es obstáculo para que la sugestión progrese y tome posesión de la mente casi en la totalidad de los órdenes, hasta que, por fin, se dé la condición del estado hipnótico de máxima profundidad.

Hay que especificar que no siempre se logra llevar a una persona al máximo grado de profundidad hipnótica; al menos, no durante las primeras sesiones. Es preciso que antes se opere una simbiosis lo bastante fuerte entre sujeto y operador, o bien que la potencia espiritual interesada en valerse de un médium específico logre allanar los últimos obstáculos que impondrá la conciencia.

También hay que advertir que no todas las sesiones se desarrollan con la misma intensidad, ni todos los hipnotizadores poseen el mismo grado de efectividad (comparados entre ellos y entre sus propias etapas de maduración en este arte), por lo que tampoco están nunca bien definidos los límites entre las distintas fases del sueño. Por ello, no debe extrañar que se presente el estado de catalepsia.

La sesión hipnótica

*C*omodidad es la palabra clave para el comienzo de una sesión hipnótica, por más que los maestros consigan hipnotizar a sus sujetos teniéndolos de pie o casi en cualquier posición. Sin embargo, no se busca hacer las cosas difíciles para realizar proezas de tipo irresponsable, sino todo lo contrario, tan fáciles que el resultado deseado llegue de manera natural y segura.

La postura

En el sillón

La postura ideal para realizar la sesión hipnótica es la reclinada sobre un sillón de firme respaldo, que dé amplio sostén a la nuca y apoyo a la espalda de manera que, sin estar completamente acostado, el sujeto pueda mirarle los ojos o al punto de atracción que usted señale, a la vez que se abandona. Aunque el sillón tenga reposabrazos, será preferible que los brazos del sujeto descansen sobre su propio cuerpo, para evitarles una amplitud excesiva y forzada, ajena a la idea de natural abandono.

En el sofá

Si el sujeto se sitúa recostado sobre un sofá, será preciso ponerle bajo la cabeza y los hombros una almohada lo bastante voluminosa como para que le eleve estas partes del cuerpo y le permita mirarle los ojos directamente, sin asumir una postura incómoda o tener que forzar la vista.

En la silla

Lo más importante será alejar de la mente del sujeto la idea de que puede llegar a caer, por lo que deberá tratarse de una silla ancha y fuerte, de amplio respaldo ergonómico, hecho para retener la espalda; jamás utilice un banco o un taburete.

La silla deberá situarse sobre una alfombra y junto a otro mueble, al que pueda asirse el sujeto. Esto no significa que tenga que hacerlo, pero el hecho de hallarse allí bastará para alejar toda sensación de inseguridad.

Es importante adaptar al asiento un cojín o una manta doblada, que permita al sujeto permanecer sentado largo tiempo sin sufrir la dureza del asiento.

Elección del sistema hipnótico

Sólo después de instalar adecuadamente al sujeto, se procede a aplicar el sistema elegido por el operador para producir el trance. Se trata de la regla de oro del hipnotismo, que deberá ser siempre respetada:

— lo que requiere el hipnotizado;
— lo que prefiere el hipnotizador, empezando por su sistema de inducción.

Ejercicios preliminares

El tránsito de la vigilia al sueño nunca es algo repentino y, por regla general cualquier persona que desee someterse a una sesión hipnótica debe observar los siguientes pasos:

• Se debe empezar aceptando la idea de que en unos instantes se estará durmiendo profundamente.

- A continuación, se pondrá la mente en blanco, alejándola de cualquier forma de inseguridad o sobresalto, y se adoptará una postura confortable.

- Se deja que la somnolencia envuelva la mente, sin oponer resistencia alguna.

- La conciencia se nubla y los sentidos se apagan en este orden: primero se perderán el olfato y el gusto; luego, la vista y el oído; y, por último, se embotará el tacto.

- A continuación, los movimientos perderán coordinación y se harán erráticos y lentos.

- Los párpados se vuelven pesados y se cierran. Téngase presente que si se observa que los ojos, bajo los párpados cerrados, se mueven, es indicativo de que el sujeto está soñando. Estos movimientos a veces resultan bastante rápidos, revelando un sueño igualmente agitado o vívido.

- Los músculos se relajan, inclinándose la cabeza y permitiendo que el cuerpo se abandone hasta el grado de resbalar o doblarse si no está sólidamente acomodado.

Toda forma de conciencia se habrá perdido y la mente estará abierta, lista para descargar tensiones y asociaciones de ideas inquietantes mediante la «purga de los sueños» o para aprender, olvidar, memorizar, rechazar o aceptar lo que le indique el hipnotizador.

Los siete mandamientos del hipnotizador

1. El hipnotizador desarrollará y fortalecerá su personalidad hasta ser capaz de proyectarla de manera gentil, pero firme; ágil, pero cauta; sin inflexiones de voz emocionales, pero siempre alentadora y sedante.

2. Actúe siempre con la calma que desea infundir en el sujeto. Háblele pronunciando con cuidado cada palabra y haciendo las convenientes pausas. Su tono de voz nunca deberá reflejar cansancio o impaciencia. Tenga siempre presente que entre usted y el sujeto se está generando una forma de comunicación muy viva que no debe resquebrajarse con sobresaltos.

3. Busque actuar siempre en un ambiente donde no haya una influencia mayor que la suya, libre de ruidos, de cambios de luz, de presencias en movimiento o perturbadoras para el sujeto, así como de otros elementos que distraigan.

4. No intente acelerar la entrada en el sueño hipnótico. El descenso debe ser gradual. Valerse de trucos, como el del azoramiento o el temor, generarán consecuencias negativas.

5. Infunda confianza y brinde apoyo constante al sujeto, conduciéndolo gentilmente a los ámbitos del sueño hipnótico. Hay dos grandes obstáculos que impiden al sujeto entregar su confianza: el primero es la repugnancia a mostrar su intimidad mental; el segundo, su temor a encontrarse indefenso en manos de quien sólo se propone divertirse a su costa.

6. Proteja de toda impresión traumática al sujeto, estando siempre listo a despertarlo de la manera menos traumática posible en el caso de que advierta cualquier peligro.

7. Manténgase alerta contra el propósito del sujeto de no avanzar hacia el trance. Son numerosos los casos en que una persona que, aunque no se niega a participar en una sesión hipnótica, se mantiene en un intenso estado de alerta para evitar ser hipnotizada. En estas ocasiones, algunos grandes maestros fingen no percibir el engaño y aprovechan la confianza del sujeto en su astucia para llevarle inadvertidamente hasta el sueño hipnótico. Esto, sin embargo, sólo está al alcance de

los virtuosos del hipnotismo, dueños de una técnica a toda prueba.

La inducción

Hemos descrito diferentes pruebas para medir la sugestionabilidad de un sujeto y acercarlo a la práctica hipnótica.

También se ha explicado cuál debe ser la preparación psicológica necesaria para poner a un individuo que quiere someterse a hipnotismo en las mejores condiciones.

Nos queda una fase muy importante, que es la directamente inductiva.

Maestros de la talla de Arons aconsejan subdividir la inducción en tres estadios sucesivos:

• Primer estadio: se describen los síntomas que el sujeto va a experimentar, a fin de que no se alarme bajo ningún pretexto.

• Segundo estadio: se dan las sugestiones de tales síntomas, empleando el tiempo presente como si ya estuviesen sucediendo realmente. La voz debe ser firme y suave, y el tono, bastante bajo.

• Tercer estadio: las sugestiones se imparten de modo más directo y con mayor firmeza.

Importancia de la voz

No hay que subestimar la importancia de la voz, en la que todo es valiosísimo, desde la inflexión hasta la modulación, las variaciones, el tono y el volumen.

A primera vista, podría parecer que una sugestión en tono llano y monótono ha de dar resultados, pero no es así.

Aunque no existen reglas precisas en este terreno y cada hipnotizador se comporta según sus dotes, su experiencia y la naturaleza de la persona que ha de tratar, siempre resultan importantes las variaciones del tono. Por ejemplo, si se acelera el ritmo y se acentúa la última parte de una sugestión, se consigue un resultado inmediato. De la misma forma, pasando del tono llano a una improvisada y dinámica perentoriedad, se dará la impresión de que lo que se dice está aconteciendo realmente.

Cuando el sujeto vaya a entornar los ojos, resulta muy eficaz dejar otras sugestiones y, alzando la voz, dar al tono y al ritmo un sentido de urgencia, ordenando:

Los ojos están cansados, pesados, ya no pueden seguir despiertos, están muy cansados, ¡qué cansado estás! Duerme, duerme, duerme, así, así, duerme...

Tiempo y ritmo en el hipnotismo

Exactamente como el columpio de un niño, el hipnotismo posee un ritmo preciso y una oportunidad que nunca debe intentar alterarse. El pequeño no puede impulsarse para adquirir altura en el momento en que se le ocurre. Y lo mismo sucede con el hipnotismo: no es posible acelerar el proceso en el instante en que al hipnotizador se le antoje hacerlo. Uno y otro deben esperar ese instante cíclico: al niño del columpio se le presenta cada vez que alcanza el punto más alto en el movimiento hacia atrás, hasta el momento en que cruza el punto más bajo hacia delante; en este lapso deberá echar la espalda hacia atrás y adelantar las piernas para ganar el máximo impulso recargando el peso de su cuerpo. Y, lógico es suponer, que si lo intentara al encontrarse arriba por el frente, o a medio camino, el efecto sería simplemente desestabilizador y podría hacerle entrar en una serie de movimientos caóticos y perder, por lo menos, la altura ya ganada. Lo mismo sucede con el hipnotismo: pretender alcanzar profundidad en el trance cuando únicamente se ha de estabilizar el grado alcanzado hace que todo el proceso se malogre. En otras palabras, el sujeto recobra la conciencia que ya había cedido y en lo sucesivo se encontrará inevitablemente receloso, cuestionando los conocimientos del operador y, en consecuencia, convirtiéndose en un caso difícil cuando antes había colaborado a la perfección.

Acelerar el ritmo

No se trata de un momento claramente reconocible. Para lograrlo, hay que basarse en el «puente de sensibilidad y comunicación» que se establece entre sujeto y operador durante la sesión hipnótica. El segundo sabe qué etapa de trance ha alcanzado el primero y el grado de maduración o de acomodamiento que en ella ha conseguido.

Si el hipnotizado se encontrase mal instalado en una etapa y se recurriese a un sistema de aceleración hacia el sueño más profundo, no tendría punto de apoyo y experimentaría una reacción inquietante, incluso perturbadora, que podría llegar al punto de despertar en medio de una sensación de angustioso desconcierto.

Un medio para acelerar la profundización del trance sería el de advertir al sujeto que cada vez que escuche una campanilla descenderá un peldaño en la profundidad de su sueño. Pero si tocamos la campanilla ininterrumpidamente, estaremos acelerando de tal modo la reacción del sujeto, que sólo lograremos una reacción adversa; saber cuándo tocar la campanilla es una cuestión de experiencia y sensibilidad.

Sistemas para conducir a la hipnosis

El entorno ideal para la hipnosis profunda

Siempre que el trance hipnótico deseado haya de ser profundo, conviene considerar el entorno en que se desarrollará la sesión. Esto vale tanto para el escenario como para el grado de aislamiento en que deba encontrarse. En primer lugar se eliminará la luz del sol excesiva, con frecuencia ajena a toda idea de sueño e introspección, así como los ruidos de la calle o de cualquier otra índole molesta o que provoquen distracción.

La habitación deberá tener una temperatura agradable, libre de corrientes de aire, y una iluminación discreta, mejor aún, atenuada. Deberá contarse con un cómodo sillón o un diván, sobre el que descansará el sujeto, después de haberse aflojado la corbata, el cinturón y cuanto pudiera obstaculizar la perfecta circulación y respiración.

Inicio de la sesión

El recibimiento debe ser siempre tranquilizador, sin que esto signifique llegar a lo excesivamente coloquial, ya que la personalidad del hipnotizador ha de mantenerse siempre algo distante.

Después, tras haberse acomodado el sujeto a su gusto, el hipnotizador lo invitará a respirar a fondo varias veces, rogándole que distienda sus músculos y se relaje por completo a cada exhalación de aire.

Planteamiento de la sugestión hipnótica

Entonces, empezará a hablarle así, sin remarcar la intención de unir la acción a la palabra:

> Querría darte una idea general de lo que va a pasar, de lo que sucederá durante la hipnosis. Primero, empezarás a relajarte. Es muy fácil, basta con dejarse ir, distender los músculos como cuando te vas a dormir, pues sentirás algo muy similar a esa somnolencia que suele aparecer antes de conciliar el sueño, cuando todavía somos conscientes de todo pero no tenemos ganas de hacer nada, ni de movernos, ni de pensar. No deseo que te duermas, o sea, que no te has de preocupar por eso, pero si te ocurriera, déjate ir, verás lo agrada-

ble que es; yo te despertaré en el momento oportuno. No te pongas rígido, deja tu mente completamente pasiva, no pienses en nada, no quieras analizar nada de lo que te sucede, y ahora respira, respira tres veces profundamente.

En general, puede ponerse un objeto cualquiera delante de la vista del sujeto, con la única condición de que posea una apariencia atractiva o curiosa. Deberá acercarse y alejarse de los ojos ligeramente, lo preciso para que no puedan dejar de mirarlo. También es posible señalarle un punto en el techo, situado detrás de su línea visual, a fin de que le cueste un poco mirarlo.

Se le indica que mantenga la vista en ese punto, o bien en el objeto, y que no la aparte para nada; mientras tanto, se le habla con sugerencias como las siguientes:

Ahora estás tranquilo y sereno, estás mirando esto y para ti no existe nada más, solamente lo que ves en este momento. Quizá tus ojos quieran moverse, pero no los dejes, fíjalos en este punto, porque no hay nada, nada más que ver.

Deseas relajarte y te será beneficioso, te ayudará a sentirte mejor. Empieza por los músculos de los pies. Relájalos completamente, como si estuviesen totalmente dormidos y no pudieras sentirlos; pero los sentirás calientes, pesados, muy pesados. Déjalos así. Relaja primero los músculos de las piernas, los del vientre, los del tórax, y respira hondo, muy hondo... Nota qué pesadas se te vuelven las piernas, cómo te pesa todo el cuerpo, cómo todo tu peso aumenta sobre el sillón mientras tú sigues mirando este punto. Y tus ojos se vuelven pesados, se te cansan. Sientes que tus párpados se vuelven más y más pesados..., relaja los músculos de tus brazos, de tus manos, de tus dedos. También los brazos se vuelven pesados... Respira a fondo, déjate caer... Tus ojos ahora son pesadísimos, están muy cansados, cansados, cansados... ¡Oh, qué gusto descansar, respirar, dormir...!

Si el sujeto empieza a cerrar los ojos, convendrá dejar de lado todas las demás sugestiones para concentrarse sólo en las del sueño:

Ahora, si lo deseas, duerme, descansa. Lo necesitas. ¡Qué calma, qué serenidad! Todo está tranquilo. Tu mente se siente libre y sosegada, este sentimiento de calma lo invade todo. Te sube de las piernas al pecho, a los brazos, a la cabeza... Duermes, pero me oyes, sigues perfectamente mis palabras, me entiendes y eres dueño de ti mismo. experimentas una sensación de bienestar, de paz profunda; tu sueño se hace cada vez más hondo y reconfortante. Qué bien vas sintiéndote mientras te hundes más y más en el delicioso sueño...

No obstante, puede suceder que después de un tiempo el sujeto no consiga cerrar los ojos; si

se presenta esta circunstancia, convendrá subrayar en su ánimo:

Te has dado cuenta de que los párpados te pesan.
No te resistas. Debes dormir para poder sentirte
bien. Contaré hasta diez y mientras cuento, tus
párpados se irán haciendo más y más pesados y
los mantendrás cerrados hasta que yo te diga.

Uno. Se van haciendo pesados.

Dos. Tus párpados aún pesan más, te sientes
completamente entumecido, tus ojos están tan
cansados que ya no puedes tenerlos abiertos.

Tres. Aún más pesados.

Cuatro. Tienes sueño, mucho sueño.

Cinco. Tus párpados te pesan como el plomo.

Seis. Cada vez los sientes más pesados. Duerme, duerme.

Siete. Están tan pesados que cuando llegue a
diez te será un descanso el dormir.

Ocho. Más pesados, más pesados, más cansados, tremendamente cansados.

Nueve. Los ojos se te cierran.

Diez. Ahora están cerrados. Dormir, dormir.
Dormirás hasta que te diga que te despiertes.

Reforzamiento de la sugestión
hipnótica para casos difíciles

Si, a pesar de todo, los ojos del sujeto siguen abiertos, el operador deberá reforzar la acción poniendo

la mano a unos quince centímetros de su rostro y moviéndola despacio arriba y abajo diciendo:

> Sigue mi mano, arriba y abajo, arriba y abajo. Tendrás sueño, mucho sueño. Arriba, abajo, arriba, abajo...

Se repiten estas palabras durante dos minutos, aproximadamente; si los ojos del sujeto no se cierran, es muy probable que se trate de un caso de resistencia consciente, pese a lo cual la hipnosis pudiera haber cumplido ya su cometido, por lo que convendrá dictar una orden directa, perentoria: «¡Cierra los ojos!», ejerciendo al mismo tiempo una ligera presión sobre los párpados.

Hay hipnotizadores, como Weitzenhoffer, que en cuanto los sujetos han cerrado los ojos les sugieren que si le sucediese algo grave al hipnotizador y su vida corriese peligro, ellos serían capaces de despertar por sí mismos inmediatamente, sin ningún problema. Esto puede resultar muy útil para calmar el miedo inconsciente del sujeto, aunque conlleva el peligro de suscitar en su mente otro miedo ante la idea de algún posible riesgo. Otros hipnotizadores no están de acuerdo con este método y prefieren, como Pavesi, dar una señal en la fase preparatoria, esperando que el sujeto haya conseguido cierto grado de profundidad.

Fijación visual en un objeto

A veces, las impresiones de carácter visual pueden ser muy intensas, como las que produce un haz de luz eléctrica, o suaves, como la simple fijación de la mirada en un punto concreto, que no necesariamente ha de ser brillante, aunque reflejos y destellos ayudan mucho.

El prestigioso doctor Bertrán y Rubio se valía en sus sesiones de una varilla de marfil con espacios pintados de negro, de una esfera de metal bruñido y de minúsculos trozos de espejo colgantes. El poder sugestivo de estos objetos es muy considerable. Recomendamos, particularmente, la cadenilla con varios ramales rematados en finos espejos de dos caras cortados en forma de rombo, porque emanan un fascinante flujo de brillos que saltan como chispas ante los ojos del sujeto, imponiéndosele de manera irresistible. Se trata de uno de los más sencillos y eficaces métodos para la inducción al trance.

Un objeto brillante, que describe un leve movimiento pendular ante los ojos del sujeto, tendrá la virtud de captar suficientemente su atención mientras el operador le habla para transmitirle las exhortaciones sugestivas de manera pausada, autoritaria, pero no impositiva; vibrante, pero sin apremio. Puede emplearse cualquier objeto luminoso o brillante, como un medallón, una vela, una lamparilla de mano, un espejo pequeño, etc.

El sistema de inducción hipnótica a base de brillos o destellos se presta también —excelentemente— para la simple fascinación, que tanto favorece la posterior entrada en el trance hipnótico.

Por supuesto, el objeto ha de oscilar de un lado a otro levemente y con un ritmo mantenido a lo largo de todo el tiempo que el sujeto permanezca con los ojos abiertos.

Cuando el sujeto haya cerrado los ojos, deberá continuarse el proceso exactamente como se indicó para el primer sistema. Como podrá apreciarse, cualquiera de estos medios conduce al umbral del trance hipnótico, pues una vez que los párpados se han cerrado, el procedimiento a seguir es idéntico y depende de la sensibilidad y del sentido de la observación del hipnotizador, que vigilará las condiciones ya descritas en este libro para saber qué grado de profundidad hipnótica se ha logrado inducir en el sujeto.

Método de fijación de la mirada

Como es uno de los que más requieren el apoyo de la personalidad del hipnotizador, debe considerarse que si llega a prestarse a bromas o a miedos, acabará siendo un obstáculo en vez de un auxilio.

Los críticos consideran que esta es una técnica impositiva, practicada frecuentemente sin el consentimiento del sujeto, pero su efectividad es innegable y, por otra parte, no cabe duda de que es la más potente cuando el hipnotizador cuenta con una carga suficiente de energía periespiritual, llamada comúnmente *magnetismo*.

El hipnotizador principiante debe tener presente que no se trata de desorbitar los ojos en una actitud teatral, sino de prestar al sujeto un punto de atención cargado de sugerencias y posibilidades, pues establece el vínculo más fuerte entre el sujeto y el operador, de manera que las palabras de este causen mayor impacto y consigan más clara aceptación.

Para ponerlo en práctica, el hipnotizador debe situarse ante el sujeto a unos veinte o treinta centímetros de distancia, en posición algo más elevada, de forma que no sólo le obligue a mirar hacia arriba —los hipnotizadores del ala materialista creen erróneamente que este es el único objeto—, sino que le disponga a recibir de la manera más adecuada posible el mensaje telepático que conlleva la hipnosis. Recuérdese que el halo o aura de operador y sujeto se funden y que el segundo queda por ello perfectamente dispuesto para conectar mentalmente con el primero.

El hipnotizador debe apoyar sus manos sobre los hombros del sujeto, tirándole suavemente hacia delante y atrás, haciéndole oscilar con un movimiento rítmico pendular y mirando la punta de su nariz sin fijarse en sus ojos. Algunos operadores prefieren mirar un objeto detrás de la cabeza del sujeto, de modo que le producen la sensación de que la mirada atraviesa su cabeza.

Entonces el hipnotizador dice:

Quiero que me mires fijamente a los ojos. No dejes de mirarlos. Voy a asomarme a tu interior a través de tus ojos. Empiezo a ver tu interior, tu personalidad, tus sentimientos... Sigue mirándome, aunque tus ojos se sientan cansados, pesados. Sentirás que tus piernas pesan. Y tus brazos pesan también.

Te sientes cada vez más cansado..., muy cansado..., ya no deseas seguir despierto... No puedes permanecer despierto. Solamente deseas una cosa: dormir, dormir, dormir. Tus párpados no consiguen mantenerse abiertos. Mira cómo te duermes, duerme, duerme profundamente. Sueño, sueño; dormir, dormir...

En cuanto el sujeto haya cerrado los ojos, el hipnotizador deberá oprimirle suavemente los párpados con los dedos, como acariciando a través de ellos los globos oculares, mientras dice:

Ahora tus párpados están tan cerrados que no se despegarán hasta que te lo ordene. Duerme tranquilo y descansa serenamente. Duerme hasta que yo te mande despertar.

En cuanto el sujeto haya cerrado los ojos, el hipnotizador le ayudará a sentarse en el sillón. Si la inducción es larga y el operador siente que sus ojos se hallan cansados, colocará los dedos sobre los párpados del sujeto y se los mantendrá cerrados mientras le dice:

Duerme, duerme, duerme...

Entonces aprovechará para descansar él.

Dado lo fatigante de este método para el hipnotizador, le convendrá limitarse sólo a los casos que considere especiales o particularmente dignos de tal esfuerzo, pues el desgaste de la energía magnética se traduce en muchas horas de tono bajo, a menos que se posea un caudal por encima de lo normal.

El poder inductivo de las manos

A medida que aumenta su experiencia, el hipnotizador tratará de lograr el mismo resultado con objetos opacos, tales como un bolígrafo, un lápiz o el propio dedo índice. La totalidad de la mano, debidamente accionada en cuanto a ritmo y actitud sugestiva, se convierte en el elemento más importante de este sistema y el que ofrece, a la par que la mirada, las mayores posibilidades para conducir a alguien al trance hipnótico.

Pero los poderes de la mano van mucho más allá del marco que encierra el hipnotismo. Sus cualidades llegan a extremos tales como los de inducir por sí mismas las más enérgicas reacciones sugestivas e, incluso, inducir reacciones del organismo excepcionales, como serían las curaciones que parecían imposibles por otros medios.

Así pues, cuando la mano participa de forma activa en la generación del trance hipnótico no resulta incoherente esperar resultados decisivos, particularmente cuando pertenecen a un maestro de este arte.

Inducción hipnótica por las propias manos del sujeto

Según Wolberg, este método es particularmente complejo y recomienda una particular paciencia por parte del operador.

En realidad, este maestro ha caído en el materialismo al creer que la función de la mano es simplemente sugestiva, cuando la verdad es que se trata de un método aconsejable para hipnotizadores que han comprobado poseer un aura potente capaz de emitir por los dedos efluvios de su personal energía, con el fin de que actúe fundiéndose con el aura del sujeto, induciéndole.

El hipnotizador deberá hablar al sujeto de esta forma:

> Siéntate tranquilamente en este sillón y relájate. Una vez que estés cómodo, apoya tus manos sobre los muslos, con las palmas hacia abajo. Muy bien, así. Ahora mira tus manos. Puedes observarlas minuciosamente. Todo lo que has de hacer es estar sentado en el sillón y relajarte. Luego te darás cuenta de que a lo largo del relajamiento ocurren varias cosas. Son cosas que suceden normalmente cuando uno se relaja, pero aún no te has dado cuenta de lo que pasa en tus manos, y yo te lo voy a hacer notar.

Sigue una pausa, tras la cual el operador prosigue:

> Concéntrate en todas las sensaciones que empiezas a experimentar en tus manos. No importa cuáles sean. Tal vez notes un peso enorme sobre los muslos; será la presión de tus manos llenándose de la energía de todo tu ser. Quizás empieces a percibir el tejido de la tela con tus palmas, o con las yemas de tus dedos, así como el creciente calor de tus manos sobre los muslos. Si-

gue observándote las manos y te darás cuenta de que todo se vuelve tranquilidad cuando se está en la posición que tienes ahora. Continúa mirándote las manos y sintiendo cómo fluye por ellas la energía. Dentro de poco observarás un movimiento. Ya lo percibes; es un movimiento leve, pero cada vez será más notorio, más claro y fuerte. Es tu energía que renace y circula y se concentra en tus manos.

Se debe comentar cualquier movimiento que se produzca, tal vez en las piernas, o una respiración más profunda. Luego, el operador continúa:

Será interesante ver qué dedo se mueve primero. Puede ser el corazón, el anular, el meñique, el índice o el pulgar. Sin duda, uno de ellos se moverá. El pulgar ya tiembla, se mueve. Concéntrate en esta mano. Apenas se inicie el movimiento verás cómo, lentamente, el espacio entre los dedos aumenta. Los dedos se separan, se alejan lentamente como un abanico que se abre. Cada vez están más abiertos. Se abren cada vez más...

Si los dedos se abren, significará que el sujeto obedece a la sugestión. Pero, aún así, el hipnotizador debe seguir hablando como si la cosa ocurriese por sí sola:

Mientras los dedos se alejan, te darás cuenta de que tienden a arquearse como si quisieran levantarse muy por encima de los muslos. Se hacen ligeros, muy ligeros y se arquean cada vez más.

Quizás el índice empiece a levantarse, u otro dedo. En cualquier caso, el hipnotizador deberá describirlo, incitando al sujeto a seguir experimentando el flujo de la energía en sus manos:

¿Ves cómo se te levanta el índice? También los demás dedos le siguen. Arriba, arriba, se van levantando lentamente.

Los restantes dedos empiezan a alzarse.

Los dedos se alzan y empiezas a darte cuenta de que te invade una extraña sensación de ligereza en la mano, mientras los dedos se arquean. Toda la mano se levanta como si fuera muy ligera, como una pluma, como si estuviera asida a un manojo de globos. Se va hacia arriba, hacia arriba, cada vez más alta, cada vez más alta, ¡qué ligera se vuelve la mano!

La mano empieza a levantarse, y el hipnotizador continúa:

Fíjate en la mano y mira cómo se eleva, fíjate cómo el brazo se levanta también, arriba, arriba, hacia arriba, un poco más arriba, un poco más alto, más alto, más alto...

La mano se ha levantado y el sujeto la mira intensamente.

Sigue fijándote en tu mano y en tu brazo, que se levantan. Mientras siguen levantándose, te darás cuenta de que estás entumecido, de que tus ojos empiezan a sentirse cansados y pesados. El brazo sigue subiendo, fíjate, y adviertes un deseo de relajarte todavía más, de dejarte llevar, de dormir. Sólo tienes una voluntad: la de abandonarte completamente a esa sensación de paz y relajamiento en que vas a sumergirte cerrando los ojos y adormeciéndote.

El sujeto tiene ante sí su brazo alzado; sus ojos se abren y se cierran; su respiración es profunda y regular.

Continúa mirándote el brazo. Te sientes aún más entumecido y relajado; ahora irás percatándote de que cambia la dirección de la mano. El brazo se dobla, y la mano se te acerca a la cara. Arriba, arriba, hasta que te tocará y tú tendrás cada vez más sueño, más sueño..., cada vez más sueño... Pero no debes cerrar los ojos hasta que la mano te toque la cara. Cuando la mano te toque la cara, te quedarás dormido, profundamente dormido.

Evidentemente, este sistema de inducción indirecta desemboca en una corriente de sugestión tan potente y efectiva como la que producen los más directos, con idénticos resultados finales.

Los párpados se hacen pesados, muy pesados, y la mano se va acercando a la cara. Te sientes entumecido, lleno de sueño, muy cansado, muy cansado. Cuando tu mano te toque la cara, te quedarás dormido, profundamente dormido. Duerme, duerme, quiero que duermas.

Inducción hipnótica por presentación de un punto luminoso

Para poner en práctica este método, se recomienda emplear un lápiz-lámpara y dirigir la luz sobre un ojo del sujeto, rogándole que concentre su mirada en ella hasta que sus ojos experimenten la pesadez de la fatiga.

El hipnotizador le advierte en ese momento de que contará hasta cinco y que, al concluir, habrá entrado en trance profundo. Sin embargo, se le debe decir de manera que no se sienta presionado, sino inducido.

Si al decir cinco el sujeto todavía no ha cerrado los ojos, se le indicará que lo haga apenas sienta la necesidad de hacerlo.

Cuando esto ocurra, el operador debe convencerle de que muy pronto verá un punto rojo con el ojo que había recibido la luz directamente. Debe intentar verlo y decirlo en cuanto lo consiga. Tan pronto lo haga, el operador le dirá que el punto va a desaparecer en un segundo y en su lugar verá un nuevo punto de color violeta. Si el sujeto responde a esta sugestión, se le pueden proponer otros cambios.

Mientras está intentando seguir estas observaciones, se le dan sugestiones de relajamiento, repitiendo que en breve caerá en trance profundo. A partir de este momento se emplean las técnicas normales de profundización.

Método por impresiones táctiles

Para seguir el método basado en las impresiones sensoriales, es posible valerse de cualquier sentido, aunque las más aceptadas, por accesibles, son las impresiones registradas por el oído, la vista y el tacto.

Debe hacerse notar, sin embargo, que siempre conviene el refuerzo y la guía de la voz del operador. Sólo los grandes maestros pueden permitirse el «desplante» de prescindir de una ayuda para dar paso a la hipnosis sensorial y volver cuando el sujeto se halle en trance.

Método por impresiones auditivas

Este método se basa en el impacto de un sonido más o menos intenso y repentino, como el de un gong chino, seguido de otro prolongado y agudo. También es muy efectivo el ritmo uniforme, como el tic-tac de un reloj.

El doctor Heindenhein aceptó en cierta ocasión la solicitud de tres alumnos que deseaban ser hipnotizados por él. Les hizo sentar en torno a una mesa y les pidió que escuchasen con tranquilidad el sonido de la maquinaria de su reloj de bolsillo, que depositó en el centro de la mesa. Por supuesto, reinaba un silencio absoluto. El hecho es que antes de que hubieran transcurrido cinco minutos, los jóvenes se hallaban hipnotizados.

Seguramente, el lector habrá observado que la impresión auditiva estuvo reforzada en este caso por la gran confianza que aquellos muchachos sentían por el doctor Heindenhein, pero no hay duda de que el método les tomó absolutamente desprevenidos y que funcionó a la perfección.

Método por activación de las zonas hipnógenas

Dentro de este apartado destacan los pases manuales especializados en combinación con las presiones digitales sobre las llamadas *zonas hip-nógenas*.

Los pases de manos pueden partir de la cabeza y bajar a lo largo del cuerpo, brazos y piernas, ya de manera rápida, ya lenta, alternando la suavidad con el vigor sugestivo.

También puede hacerse partiendo de la cabeza hacia los dedos de la mano o hacia la espalda, o centrarse mediante presiones en las zonas hipnógenas.

Las zonas hipnógenas

Según ha especificado Coconnier, las zonas hipnógenas pueden hallarse en muy diversas partes del cuerpo, pero su localización varía de un sujeto a otro, por lo que se precisa haber desarrollado una sensibilidad muy especial para rastrear los indicios y hallarlas en cada caso. Algunas personas sólo cuentan con cinco o siete, mientras que en otras el número es bastante elevado. Se han encontrado individuos con más de un centenar de puntos en los que la presión se traduce en la caída en trance hipnótico.

La piel de las zonas hipnógenas no muestra ninguna señal que las identifique, por lo que es indispensable presionarlas para comprobar si producen algún grado de relajamiento, aproximación al bienestar característico de la calma, así como disposición al sueño que empieza a generarse.

Entre los puntos hipnógenos más generalizados están las fontanelas, sobre todo la posterior, así como los glóbulos oculares, el área del hueco supraesternal, el ángulo inferior de los omóplatos, las yemas de los dedos, el área de los tobillos y el contorno del ombligo.

Una caricia en la frente, un apretón de manos o una presión en lo alto de la cabeza han bastado a los grandes maestros del hipnotismo para suscitar el trance en personas que estaban lejos de imaginar lo que iba a ocurrirles, apuntó el profesor Daniel Corfax.

Métodos por procedimientos mecánicos

Por la complejidad de algunos de estos métodos mecánicos, sólo los aludiremos brevemente. Casi todos tienen la única virtud de poner en movimiento cristales y espejos de manera calculada para atraer con intensidad toda la atención del sujeto, o sea, para fascinarle e inducirle al trance hipnótico. No obstante, no requieren menos la intervención del operador. Y, ciertamente, tampoco poseen un influjo siquiera comparable al que ejerce la personalidad del hipnotizador experto.

También podríamos considerar aquí los medios de los que se valían los hipnotizadores de teatro para aplicar vibraciones al cuerpo o a la cabeza de los espectadores que se prestaban a sus experimentos, pero estos artefactos desaparecieron en el siglo pasado.

Finalmente, los medios mecánicos tienen la nada inocente función de contribuir a crear un ambiente psíquico que induzca al sujeto a ponerse por completo en manos del operador. De hecho, es la misma actitud de tantos médicos que se rodean de un decorado de máquinas ricas en sonidos extraños, luces de colores en movimiento y palancas y botones.

Método de transformación del sueño natural en hipnótico

Perfeccionado por Weitzenhoffer, este método consigue transformar el sueño normal en trance hipnótico. Según Hull, el hecho de poder sugestionar a un sujeto dormido implica necesariamente que este se ha despertado hasta cierto punto para pasar luego al trance. De hecho, Hull niega prácticamente la posibilidad de convertir el sueño directamente en trance hipnótico, sosteniendo que ninguna sugestión puede tener efectos en tal condición. Sin embargo, Barker y Burguwin piensan de forma muy diferente; consideran que el sueño normal reúne la proporción de elementos precisos para dar paso a todas las características de la hipnosis, siendo las principales diferencias el acto de pasar al hipnotizador la facultad de determinar las características de los sueños y la de despertar. Prueba de ello —aducen— es el notable éxito obtenido por los sistemas de enseñanza onírico-auditiva, que permiten a la persona dormida estudiar mientras descansa su cuerpo durante la noche, con sólo dejar funcionando, a modo de arrullo, una grabación de las lecciones.

Para el desarrollo de esta técnica, el hipnotizador coloca una mano sobre la frente del sujeto que duerme, y sin alzar nunca el tono de voz, en un murmullo claramente audible para no correr el riesgo de despertarlo, empezará a hablarle. Le planteará inicialmente el hecho de que, aunque sigue durmiendo, oirá y comprenderá todo cuanto él le diga.

Para saber si la sugestión ha sido recibida y admitida, se le pide que haga un movimiento, por ejemplo, que levante una mano. Si obedece, puede estar ya seguro de que, aun hablando más fuerte, no se despertará.

El hipnotizador continuará impartiendo así las sugestiones inductoras al trance en tono de voz creciente, hasta llegar al volumen normal, gra-

dualmente. Entonces, empezará a dictar sugestiones tendentes a profundizar el trance.

Método sin exhortaciones al sueño

Esta técnica, descrita y recomendada con entusiasmo por Adler y Secunda, tiene el objetivo
esencial de evitar que el sujeto manifieste una resistencia tan involuntaria como inmediata en
cuanto escuche palabras tales como *hipnosis*, *dormir*, *sueño*, etc.

Estos autores afirman que para emplear su técnica sin que el sujeto sospeche nada, es preciso li-
brarlo de las inquietudes básicas que lo pertur-
ban y le afectan a veces de manera insuperable,
impidiéndole relajarse y concentrarse. Para ayu-
darlo es necesario hacerle sentir que, en general,
experimentará de forma objetiva un alivio a sus
síntomas.

Para empezar, se le hace sentar lo más cómodo
posible en un sillón y se le invita a relajar sus
músculos. La posición debe ser la siguiente: la cabeza inclinada ligeramente hacia delante, los brazos apoyados en los del sillón, con las manos hacia dentro y como muertas sobre los bordes.

A continuación, el hipnotizador le pide que se
fije en uno de sus pulgares y empieza a sugestio-
narle:

Deseo que concentres toda tu mente en el pulgar. Dentro de poco te pediré que cierres los ojos, pero no deberás distraer tu pensamiento del pulgar. Cuando estés concentrado, empezaré a contar, y a medida que yo prosiga, te sentirás cada vez mejor. Además, advertirás que el pulgar y el índice se acercan entre sí. Cuando se toquen te darás cuenta de que estás en un profundo estado de relajamiento.

El hipnotizador le indicará entonces que cierre los ojos. Y empezará a contar, sincronizando cada número con la respiración del sujeto, de manera que coincida con cada inhalación. Cuando llega a diez vuelve a decir:

Concéntrate, continúa concentrado en el pulgar y el índice. Cuando se toquen, estarás profundamente relajado.

Al rozarse los dedos, añadirá:

Has logrado un estado de relajamiento profundo.

Luego, se pasa al movimiento de un grupo muscular, por ejemplo el de la mano, y se repiten las sugestiones dadas por el pulgar. Por último, si es necesario un trance más profundo, se dirá:

Desde este momento, cuando yo cuente de uno a diez entrarás en un estado de relajamiento tan absoluto que tu mano, como si flotara, se levantará sola y te tocará la cara.

Esta será, pues, la señal de que ha alcanzado el necesario grado de disposición. A partir de este momento ya se le podrá conducir a la máxima profundidad del trance.

Para que el sujeto vuelva a su estado normal, se le dice:

Cuando yo termine de contar del uno al cinco te despertarás. Al decir cinco, estarás completamente despierto.

Pasado el trance, en la mayoría de los casos el sujeto refractario preguntará si realmente ha podido ser hipnotizado. No hay razón para mentirle. Posteriormente, vencidos ya sus prejuicios contra el hipnotismo, será fácil someterle a técnicas normales de inducción.

Método de inducción indirecta

A pesar de que la mayoría de los autores modernos coinciden en que si se quiere emplear la hipnosis con fines terapéuticos es necesario actuar siempre con consentimiento del sujeto, en algunos casos, en los que esto no se puede obtener razonablemente, es posible superar el obstáculo contando con la autorización del pariente más próximo y valiéndose, además, del método que exponemos a continuación.

Fue desarrollado por Erickson y Kubie, quienes hicieron una demostración en un estudio en 1941 con una persona afectada de graves disturbios de tipo histérico y que había rechazado someterse a hipnoterapia. Para que empezase el tratamiento, ambos médicos coincidieron en que no tenían otra solución que hipnotizarla sin que se diera cuenta, y así procedieron.

La enferma, que era enfermera de un hospital, dormía con una compañera de trabajo. Por lo tanto, el primer paso fue hacerse con la colaboración de esta segunda mujer. Posteriormente, pidieron a la enferma que acompañase a su amiga a una cura de hipnoterapia. La enferma, curiosa y sin tener la menor sospecha, accedió.

Cuando llegaron a la primera inducción al trance, el hipnotizador rogó a la enferma, sin dar importancia a sus palabras, que siguiese el procedimiento con atención, porque esto le ayudaría a saber en qué consistía realmente el trance hipnótico, por si alguna vez deseaba por fin ser hipnotizada.

Ambas jóvenes, enfermera y colaboradora, se sentaron en dos sillas cercanas y, tras una larga serie de sugestiones, el hipnotizador logró inducir en trance profundo a la cooperadora.

Durante el procedimiento se les impartieron diversas sugestiones. Ya hemos dicho que ambas mujeres estaban sentadas en sillones próximos, de forma que el hipnotizador podía mirarlas a la vez, o por turnos, pero sin despertar la menor sospecha en la enferma. Así, le fue posible, por ejemplo, hacer coincidir las sugestiones de respiración dadas a la que yacía en trance con el ritmo respiratorio de la acompañante, sin que esta se diese cuenta. Poco a poco se vio que cada sugestión dada a la colaboradora era realizada también por la enferma, ignorante de todo lo que sucedía.

Observando que en cierto momento la enferma se ponía las manos sobre el regazo, el médico insinuó a la colaboradora que hiciera lo propio. Estas maniobras llevaron a una estrecha y progresiva identificación de la hipnotizada con la otra muchacha, de tal forma que, paulatinamente, cuanto se decía a la primera valía también para la segunda. Se llegó al punto de que el hipnotizador sugestionó a la colaboradora, mientras miraba a la enferma, aumentando así en ella la necesidad de responder de forma positiva.

Cuando indujo en trance profundo a la propia enferma, tras hora y media de trabajo, el hipnotizador tomó diversas iniciativas para darle seguridad. Le anunció que había caído en trance, pero que no se haría nada contra su voluntad; le aseguró que volvería voluntariamente y sin acompañante en días sucesivos; y añadió que sería capaz de despertar sola si él la ofendía o hería involuntariamente de algún modo. Por último, le ordenó borrar de su mente cualquier sentimiento de venganza u odio contra el hipnotizador. Se tomaron, en suma, todas las precauciones necesarias para que las futuras sesiones se desarrollaran con pleno éxito. El método dio un espléndido resultado.

Profundización del trance

Durante la primera fase de inducción, la enferma cierra los ojos y entra en trance ligero. En ese momento, el objetivo es profundizar dicho trance y proceder a las sugestiones que han de afectarle más a fondo.

Para desarrollar el método de base, deben impartirse sugestiones alternadas con pausas de silencio, que pueden oscilar entre pocos segundos y algunos minutos, durante los cuales se presume que el estado de trance avanza por sí solo. Si el silencio no es natural, y para que no sobrevenga de forma inesperada, será bueno prevenir a la paciente anunciándole que quizá se dejará de hablar mientras ella continuará durmiendo profundamente. De vez en cuando el hipnotizador le ordenará respirar, cada vez más profundamente, añadiendo que a cada nueva inspiración aumentará la sensación de sueño. Pueden establecerse gestos con la enferma, como, por ejemplo, tocarle la mano o el hombro, diciéndole que en ese momento se sumergirá en un trance profundo y no oirá sonido ni ruido hasta que no se le toque nuevamente. Diversos autores afirman que estas pausas de silencio permiten que la sugestión obtenga un efecto completo, dando ocasión al estado hipnótico de manifestarse plenamente. Tales periodos no deben, sin embargo, alargarse demasiado (no superarán los diez minutos cada vez), ya que, de lo contrario, existe el riesgo de que el sujeto pase del trance al sueño normal.

Método de profundización activa

Consiste en dar al sujeto toda una serie de sugestiones graduales a las que algunos hipnotizadores acompañan seguidamente del cierre de los ojos sugiriendo la catalepsia de los párpados, lo que se logra pensando en el sueño.

A continuación, se dan sugestiones sobre la calma, la serenidad, el cansancio, el abandono físico y mental y, naturalmente, el sueño.

Hay que insistir mucho en la pesadez de los párpados, en el hecho de que van haciéndose pesados como si fueran de plomo y de que no es posible mantenerlos abiertos.

Cuando se advierte que el sujeto ha cerrado los ojos, se apoyarán delicadamente los dedos sobre sus párpados, asegurándole que en la próxima sesión podrá caer en un trance todavía más profundo.

En general, tras la catalepsia de los párpados se hace una pausa de algunos minutos y se pasa a la catalepsia sucesiva, o sea, la del brazo, que se consigue de la forma acostumbrada: primero, con sugestiones de relajamiento y paz física y mental; luego, con la orden de concentrarse en las palabras que pronuncia el hipnotizador:

Voy a acariciarte el brazo. Poco a poco notarás que pesa, que se vuelve cada vez más pesado, hasta el punto de que no eres capaz de moverlo. Contaré del uno al cinco, y cuando diga cinco el brazo pesará tanto que de ninguna manera podrás levantarlo.

El hipnotizador cuenta lentamente, formulando sugestiones de pesadez. Al llegar a cinco, levantará el brazo del sujeto dejándolo caer otra vez; si es incapaz de sostenerlo, significa que se encuentra en trance y que se puede proceder a una última profundización de este estado. Si se resiste y mantiene el brazo elevado, hay que empezar otra vez desde el principio, insistiendo en que en la segunda prueba sentirá el brazo mucho más pesado que en la primera.

Para conseguir la rigidez cataléptica, el operador eleva el brazo del sujeto colocándolo en horizontal a la altura del hombro y, después de haberlo estirado ligeramente tres o cuatro veces, dice:

Habrás notado que tu brazo se ha vuelto muy pesado, como el plomo. Se volverá de acero y duro como una piedra. Mientras yo lo acaricie, verás cómo esto se verifica, el brazo se hará rígido, los músculos se contraerán y se endurecerán.

El operador prosigue acariciando el brazo arriba y abajo, hasta que advierte que los músculos están rígidos. Entonces, continúa:

Mira tu brazo; está tan duro que es imposible doblarlo. Estoy probando, pero no lo consigo. Prueba tú también. ¿Ves? No se dobla.

Si también esta prueba es positiva, se añade:

Ahora relájate completamente, relaja los músculos del brazo; el brazo ya no está duro, ya no es rígido, ni tampoco pesado. Todo es normal. Si yo quiero doblarlo, se dobla.

Y prosigue:

> ¿Has visto cómo el brazo se puede doblar? Re-
> laja todo el cuerpo y duerme profundamente,
> más profundamente que antes.

La técnica de levitación del brazo es la misma,
sólo que en vez de dar sugestiones de pesadez, se
han insinuado sugestiones contrarias; se ha dicho
que el brazo se volvía ligero, cada vez más ligero,
y que una extraña fuerza lo levantaría. Luego se
obliga a caer al brazo, sugiriendo que el peso
se ha vuelto normal, y el brazo desciende poco a
poco. Por último, se añade:

> Ahora duérmete profundamente, cada vez más
> profundamente.

«Zaga del trance»

Se llama así a la señal indicadora de que la hipnosis ha alcanzado profundidad. Se trata de pruebas como la de hacer que el sujeto levante un
brazo y lo mantenga en alto cuando se le pide, o
simplemente ver que aspira y exhala con apacible
amplitud al minuto de haber cerrado los ojos.

Aun así, una de las zagas más alentadoras para
el operador es la de comprobar, viéndole abrir los

ojos sin despertar, que el sujeto ha alcanzado la segunda etapa de profundidad hipnótica. En las posteriores se le escuchará responder a las preguntas con voz clara y fuerte. Y es que en los ojos está la esencia de toda realidad hipnótica.

Sujetos que mantienen los ojos parcialmente abiertos

Uno de los más relevantes maestros del hipnotismo, el doctor Pier Pavesi, en su obra *La hipnosis en la medicina moderna*, escribe:

> Hay que tener presente que algunos sujetos nunca llegarán a tener los ojos completamente cerrados, y será posible verles el blanco del ojo a través de la pequeña abertura de los párpados semicerrados. Además, los párpados pueden vibrar rápidamente, dando la impresión de que el sujeto se resiste o está intentando abrir los ojos, y en cambio ya está en trance más o menos profundo. Bastará con apoyar ligeramente los dedos sobre los párpados, reforzando la sugestión de ojos cerrados para que todo entre dentro de la normalidad.

El síntoma más característico que sigue a la inducción de trance es la tendencia a una inmovilidad postrada. El sujeto puede estar rígido o relajado, con los ojos abiertos o cerrados, pero casi siempre, si no se dan sugestiones de movimiento, presenta un extraordinario grado de inmovilidad. No hay duda de que una persona hipnotizada, aunque se comporte del modo más natural del mundo, demuestra que obra siempre al pie de la letra, sin pleno conocimiento y participación, con un cierto retraso psicomotor y grado de automatismo.

Indicios de que el sujeto finge

Existe una serie de indicios que revelan con certeza si el sujeto está fingiendo:

— excesivo parpadeo;
— párpados apretados;
— contracciones nerviosas en partes del cuerpo alternantes;
— acatamiento rápido de ciertas exhortaciones;
— puños apretados;
— piernas entrecruzadas;
— espalda muy recta.

El hipnotismo por teléfono y por correo

La hipnosis puede practicarse vía telefónica, sin ninguna dificultad. Más aún, también puede hacerse por carta, aunque en este caso, el proceso es más elaborado y requiere ciertas condiciones, como la de que el sujeto haya sido tratado en diversas ocasiones por el mismo operador, quien, para mayor efectividad, le habrá impartido una orden posthipnótica en el sentido de que reaccione instantáneamente en determinado momento, al terminar de leer la carta o estar viendo la fotografía del hipnotizador.

Las instrucciones de lo que deberá hacer el sujeto durante el trance le habrán sido dadas también en la última parte de la carta, calculando que para entonces ya estará sumergiéndose en el trance a la vez que continúa leyendo. Igualmente, incluirá instrucciones sobre la forma y el momento en que deberá despertar.

Método para inhibir los movimientos voluntarios

Conforme se profundiza en el estado de hipnosis, el sujeto tiende a aceptar mejor todas las sugestiones encaminadas a hacerle perder el dominio de sus diversos grupos musculares. Para lograr esto, se puede repetir la prueba de las manos enlazadas. Se induce al sujeto a sentir que ya no controla sus músculos, imponiéndole sugestiones como esta: se le da un libro y se le pide que lo mantenga en alto, sosteniéndolo sólo con el índice y el pulgar de una mano:

> Aprieta el libro con los dedos, apriétalo fuerte, cada vez más fuerte. Verás cómo, poco a poco, tus músculos quedarán rígidos en esta posición, y ya no serás capaz de dejar caer el libro hasta que yo te lo mande.

Endurecimiento hipnótico del rostro

Si la prueba da resultado, se continuará de forma cada vez más compleja, obligando al sujeto a endurecer incluso los músculos faciales, por lo que le resultará imposible pronunciar su propio nombre, aunque lo recuerde perfectamente. Así, se llegará a un punto en el que, a pesar de cualquier tentativa, ya no podrá moverse ni levantarse del sillón.

El automatismo es el estado más profundo del trance. Se ordena al sujeto que haga girar sus manos cada vez más rápido y que no se pare. Si se halla en trance profundo, continuará de modo automático el movimiento hasta que reciba la orden de parar.

Método del agua fría

Pueden producirse, además, alteraciones de la sensibilidad cutánea, hiperestesia y anestesia, induciendo al sujeto a sentir o no determinadas sensaciones, por ejemplo, hacerle creer que toca agua hirviendo o agua helada.

En caso de anestesia provocada, se le infunde el simple pinchazo de una aguja como un dolor insoportable; en caso contrario, no advertirá ningún dolor. Para producir anestesia, algunos autores, como Pavesi, recurren al llamado *método del agua fría*.

El sujeto debe imaginar que sumerge su mano en una palangana de agua helada. Se le induce a convencerse de que el agua está cada vez más fría, al tiempo que crece en él la sensación agradable de tal contacto:

> Tu mano, poco a poco, va perdiendo sensibilidad. Sí, se vuelve completamente insensible. Ahora ya es como de madera, como si no fuese tuya. La tomo, la toco y no sientes mis dedos. Si la pincho con la aguja, no sientes nada. Tu mano es totalmente insensible, como si fuera de piedra.

En este instante, aunque la respuesta a la anestesia sea positiva, es preferible terminar la sesión y despertar al sujeto. La mejor manera de hacerlo es dulcemente (no como los hipnotizadores teatrales, que gustan de hacer sonar los dedos con aires de omnipotencia, provocando un despertar inmediato, terminando el trance con unas extrañas palabras).

Cómo desactivar las sugestiones

Es sumamente importante que antes de despertar al sujeto se anulen siempre las sugestiones físicas, así como los vestigios de estas que le hayan podido quedar. Esto es particularmente importante en los casos de prácticas de hipnosis de salón o teatrales, ya que la diversión puede, en cualquier descuido, traducirse en una seria impresión negativa para el sujeto, o bien suceder que alguna sugestión cobre carácter de orden posthipnótica y resurja en el momento menos conveniente.

Por otra parte, sucede con frecuencia que al despertar el sujeto se encuentra convencido de que no ha sido hipnotizado. Suele afirmar que no se ha dormido, mostrándose absolutamente seguro de ello, porque, en general, existe mucha confusión entre el concepto de hipnosis y el de sueño normal (durante el cual no se puede oír lo que ocurre en torno a uno mismo). Es necesario aclararle este punto explicándole que ha dormido, desde luego, pero de una manera especial, inmerso en un sueño que le permitía oír a cada instante cuanto se le decía.

Un hipnotizador experto se preocupará de anotar también todas las impresiones y sensaciones del sujeto, para modificar eventualmente su técnica en las futuras sesiones, teniendo en cuenta las experiencias vividas.

Segunda inducción al trance profundo

Si el sujeto se resiste a caer en trance en la primera sesión, será preciso modificar la técnica inductiva con el fin de vencer sus vacilaciones. Entre las resistencias psíquicas que se presentan con mayor facilidad, se halla el sentimiento de desconfianza hacia la autoridad del hipnotizador, el temor a someter su propia voluntad e independencia, la necesidad de mostrarse superior y el miedo a no conseguir llegar al trance. Para vencer estas resistencias es preciso, ante todo, descubrir las que afectan al sujeto y, a continuación, discutirlas con él pacíficamente, empleando palabras que pueda entender y explicándole que el único objetivo del operador es ayudarle. Es indispensable usar una actitud cordial, pero firme a la vez.

Hay casos en los que es posible producir un trance profundo desafiando al sujeto, explicándole que una persona sólo puede hipnotizarse cuando se cuenta con su inteligencia y su cooperación. Puesto que estos individuos procuran hacer las cosas lo mejor posible, el objetivo se logrará estimulando sus deseos de perfección.

Quizá su resistencia proceda del temor que suscita el hipnotizador (cosa bastante corriente); entonces será preciso distraer la atención del sujeto, haciendo que su mente se fije en algo y así escape del círculo de la ansiedad. A veces, es suficiente hacerle mirar un metrónomo o una espiral dibujada y hecha girar mecánicamente.

Wolberg cita un ejemplo de cómo usar la técnica de las sugestiones para convencer al sujeto a que las acepte, método combinado con el de la anterior fijación visual:

> Cuando miras mis ojos, cierta desconfianza te hace resistir; no quieres dormirte y piensas: «Es imposible que yo me duerma, no puedo dormirme». Pero te darás cuenta de que cuanto más resistas, te resultará más difícil no dormir.
>
> Cuanto más intentes luchar, más sueño notarás. Te esfuerzas en seguir despierto, en escapar del sueño, pero cuanto más rechaces el descanso, más sueño vas a tener. Tus párpados se van haciendo cada vez más pesados hasta que se cierran.

Debemos subrayar que esta es una técnica que ha de usarse lo menos posible, sólo en contadas ocasiones y, desde luego, nunca con personas afectadas por estados de ansiedad o en tensión.

Erickson también comparte la idea de que el mejor modo de comportarse ante la resistencia de un sujeto es aceptarla y utilizarla en combinación con otro tipo de respuestas dadas por él. Opina que el secreto del éxito es maniobrar con una resistencia, de modo que tenga que manifestarse.

De hecho, este tipo de sujetos quiere manifestar su desconfianza y su rechazo, por lo que se aconseja incitarles a hacerlo. Erickson insiste en que nunca hay que corregir el comportamiento del sujeto, ni forzarle a dar una respuesta, ya que ello también podría interferir en la inducción al trance y en su profundización. Por el contrario, aceptar y utilizar las respuestas, del tipo que sean, dará los mejores resultados.

Erickson brinda un ejemplo en el que se utiliza la resistencia de un sujeto para determinar un trance profundo. Una estudiante que se había ofrecido para un experimento que requería un trance profundo, no conseguía llegar ni siquiera al trance ligero. Después de un largo rato preguntó con timidez si se le permitía dar consejos sobre la técnica que debía emplearse con ella, siendo esta aceptada inmediatamente. Entonces, la muchacha dijo al operador:

> Usted habla demasiado rápido. Debería hablar más despacio, con mayor énfasis, y repetir la misma sugestión. En cambio, en este otro punto, debería hablar más rápido, callar algunos instantes y luego repetir lentamente la sugestión. Le ruego que haga de vez en cuando una pausa y me deje descansar un poco.

Siguiendo sus instrucciones, se la indujo en un trance bastante profundo al cabo de unos minutos.

Método de Janet o sistema de acción alterna para inducir al trance profundo

Este método lleva el nombre del autor que lo describió por primera vez. Es uno de los más eficaces para inducir el trance profundo y se recurre a él especialmente en los casos en que otros han fallado. Consiste en hipnotizar y despertar al sujeto en situaciones rápidas y consecutivas.

La experiencia ha demostrado que cada hipnotización lleva a una mayor sugestionabilidad del sujeto y favorece la inducción de un trance más profundo en la tentativa siguiente.

Janet observó que en los casos en que el sujeto es despertado bruscamente, se manifiesta una tendencia a permanecer aún cierto tiempo en estado hipnótico.

Weitzenhoffer confirma este criterio. Sostiene que la hipersugestionabilidad que resulta de la inducción al trance perdura en estado de vigilia unos treinta minutos, pero aconseja, para hacer más eficaz tal fenómeno, amonestar al sujeto:

Dentro de poco te despertarás. Apenas abras los ojos, te encontrarás pesado como el plomo y sentirás mucho sueño. Intentarás estar despejado, pero no lo conseguirás, pues tus ojos te pesarán cada vez más y estarán cansados, tanto que tendrás que cerrarlos. Sentirás sueño y te notarás entumecido. Cuando cierres los ojos, dormirás con un sueño mucho más profundo que el de ahora. Voy a contar hasta tres. Cuando acabe, abrirás los ojos, pero estarás tan entorpecido y abotargado que no podrás tenerlos abiertos mucho tiempo y volverás a caer en un irresistible sopor. Uno, dos, tres... ¡despierta!

En general, el sujeto sigue con los ojos extraviados en la misma posición y sin hacer ningún movimiento. Se le deja descansar unos quince segundos y luego se continúa:

Te sientes cansado y adormecido. Fatiga tener los ojos abiertos, ¿verdad? Tus ojos están cansados, cansados, pesados, llenos de sueño; ciérralos y déjate caer. Muy bien. Ahora tus ojos se han cerrado. Duerme, duerme, duerme tranquilo hasta que yo te despierte...

Este procedimiento se repite varias veces, hasta que el sujeto consigue un trance bastante profundo. En ese instante se dan sugestiones de catalepsia de los ojos, de catalepsia y rigidez del brazo, de hiperestesia y analgesia de la mano, etc. Al infundir sugestiones, en vez de retar al sujeto, se acude a estos recursos:

Ahora no puedes abrir los ojos (o no puedes doblar el brazo). Si lo intentases no lo conseguirías, pero tú no tienes intención de probarlo; sólo quieres dormir, relajarte, dejarte caer, dormir profundamente, cada vez más profundamente...

Otra vez vuelven a darse sugestiones para despertar o para volver al trance con la técnica descrita al principio. Después de haber logrado tales fenómenos, debería despertarse siempre al sujeto para hipnotizarlo nuevamente.

A veces y con fines terapéuticos es necesario disponer de un sujeto que, sin despertarse, sea capaz de mantener una conversación, contestar preguntas, hablar de sí mismo, etc. Esto es posible con sugestiones de este tipo:

Te has dormido profundamente, duermes en paz, pero oyes mi voz muy bien y, a pesar de que tu sueño es profundísimo, eres capaz de entenderme y contestarme sin despertarte.

Se hacen preguntas fáciles y se tranquiliza al sujeto:

Habrás advertido que me contestas muy bien. Habla, me entiendes y me hablas sin despertarte. Mientras contestas podría suceder que sintieras deseos de abrir los ojos, de mover las piernas o los brazos, pero no deberás hacerlo hasta que yo te lo permita.

Método de la confusión para llegar al trance profundo

Este método consiste en dar al sujeto una rápida serie de sugestiones e instrucciones, con frecuencia en contraste unas y otras, con el único objeto de confundirle y hacerle dudar sobre lo que en realidad se espera de él. Se recurre a este método para obligar al sujeto a responder satisfactoriamente ante cualquier tentativa de sustraerse del estado de confusión. No importa el tipo de respuesta que dé. Lo esencial es que se vea obligado a responder. Este hecho basta para aumentar su sugestionabilidad. Además, el sujeto se ve obligado en su esfuerzo por cooperar a concentrarse intensamente en las sugestiones y así obedecer correctamente.

Por último, si la confusión es muy grande, sentirá la necesidad de salir de ella de alguna manera. Esto permitirá al hipnotizador elegir el momento oportuno para ofrecer una sugestión positiva (la del sueño profundo) con la que pueda responder. Como última solución, el letargo hipnótico representará el único camino de salida.

Entre los diversos planteamientos de este método escogeremos el de Lecron, por ser el más sencillo. Se ruega al sujeto que cuente en voz alta, muy despacio, de cien a cero, sin preocuparse demasiado por lo que el hipnotizador comente.

Apenas empiece a contar, el hipnotizador le infundirá sugestiones de relajación, pesadez de párpados, cerrazón de ojos, afirmando que antes de llegar a cero ya estará profundamente dormido. Y mientras el sujeto sigue contando, le sugiere la levitación de la mano.

El sujeto empieza a confundirse y, entonces, el hipnotizador le insinúa que antes de llegar a contar otros diez números, perderá la cuenta y se dormirá profundamente. Si el sujeto se resiste, el hipnotizador se le pondrá delante y, cogiéndolo suavemente por los hombros, le imprimirá un ligero movimiento de rotación.

El método de la confusión puede producir varios fenómenos hipnóticos, entre ellos, la regresión de la edad.

Método de la repetición para inducir al trance profundo

Consiste en escoger una técnica de conducta del sujeto, que prometa buenos resultados, haciéndola probar muchas veces mentalmente y luego pidiéndole que la lleve a la realidad. Sirve también para profundizar un trance que se haya inducido perfectamente con otras técnicas.

Examinemos un ejemplo: un sujeto que daba la impresión de comportarse positivamente respondió a la hipnosis de forma poco satisfactoria; tras diversas sugestiones, dio a entender que respondía a la escritura automática. Entonces, se le provocaron una serie sugestiones para inducirle a probar en la mente lo que debía hacer para llegar a escribir automáticamente. Luego se le pidió que imaginase cómo escribiría sobre papel blanco, sobre papel pautado, sobre cuadrícula, con pluma, con lápiz, con tiza, etc.

Por último, se le pidió que escribiese automáticamente en cartas pautadas, en cuadrículas, etc. Siguieron nuevas pruebas mentales con otros tipos de papel, con otros instrumentos de escritura, con nuevas palabras, números y frases. Poco a poco, el sujeto llegó a desarrollar un trance profundo.

Una variante del método de la repetición es la empleada por Erickson, que induce al sujeto a tener un sueño o una fantasía agradables, logrando que se imaginase en gran variedad de lugares, épocas y formas diversas. En breve el sujeto consigue abandonarse cada vez más, hasta poder describir un sueño a nivel inconsciente.

Existe también una técnica de disociación múltiple, que se utiliza para inducir un trance profundo o para un complejo trabajo. Se trata de múltiples alucinaciones visuales en las que se vislumbran diversas cosas de las que no todas tienen relación entre sí. De ello se deriva un notable cambio de actitud, y se alcanza un trance profundo cuando llega a crearse una situación de acuerdo con las necesidades de la personalidad del sujeto.

Método de la distracción
para conducir al trance profundo

El hipnotizador dicta al sujeto las siguientes instrucciones:

> Te pido que empieces a contar. Cuando diga uno, cierra los ojos; cuando diga dos, ábrelos; al decir tres, vuelve a cerrarlos; al decir cuatro, ábrelos otra vez; y así sucesivamente.

Mientras el sujeto obedece la orden, el hipnotizador, en voz baja, lenta y monótona, comenta las sensaciones que va experimentando el sujeto: cansancio, pesadez, sueño, etc.

Se obtiene el mismo resultado tomando el pulso del sujeto, también a intervalos, afirmando que a medida que el relajamiento crece, el pulso será menos rápido y la presión más baja. Mientras tanto, se dan sugestiones de relajación y cansancio de ojos.

Cuanto más indirecto sea el método de inducción, menos resistencia se hallará.

Método de sincronización de las ondas cerebrales

Se trata de un medio mecánico muy interesante para inducir la hipnosis, desarrollado por el ingeniero en electrónica Sidney A. Schneider y por el ginecólogo William Kroger, ambos estadounidenses.

Se basa en un principio que no es nuevo ni mucho menos: algunos estímulos luminosos intermitentes, de cierta frecuencia, determinan una sincronización del recorrido encefalográfico con la aparición de ondas alfa, amplias y regulares, semejantes a las registradas durante el trance hipnótico.

La descripción de este medio es tan complicada que preferimos aludir sólo al elemento fundamental: determinados estímulos luminosos emitidos por el aparato, que afectan al sujeto, que todavía no los ve, excitan su retina y sincronizan las ondas corticales determinando en poco tiempo la aparición del trance hipnótico más o menos profundo.

Lo único que se pide al sujeto es que fije la vista en el centro de un disco plateado y que se abandone.

Se le explica que, apenas se concentre, sentirá sus ojos tan cansados y pesados que se verá obligado a cerrarlos; al caer dormido, entrará en un estado de relajación cada vez más profundo y, finalmente, definitivo.

El estímulo luminoso produce resultados positivos con sujetos que estén preparados para el experimento. Con individuos que lo ignoren, el resultado es menos eficaz.

Técnica de la hipnosis en grupo

La técnica de la hipnosis de grupo no difiere de la hipnosis individual, requiriéndose únicamente que los participantes estén sentados en semicírculo y en sillones para que cada uno pueda ver a los demás.

Al impartir sus sugestiones, el hipnotizador deberá tener en cuenta que no todos reaccionan de la misma forma, por lo que deberá graduar sus órdenes dando preferencia a los que hayan respondido positivamente a la primera inducción; luego, repetirá las órdenes a los reacios, hasta que alcancen el nivel de los primeros.

De todas formas, si alguien reaccionase negativamente se le rogaría que permaneciera relajado y con los ojos abiertos para ver las reacciones de sus compañeros. Es posible que después, tras una nueva orden de imitar a aquellos que reaccionan positivamente, obedezca por mímesis y también se deje arrastrar al trance.

Técnica de la narcohipnosis

De esta técnica, de gran peligrosidad, nos limitaremos a hacer una somera visión. Este método hipnótico fue usado por primera vez en 1932 por Haupmann en Alemania y Horsley en Inglaterra, inyectando evipan sódico por vía intravenosa. Algunos años después, en 1936, fue modificada y mejorada por Horsley. Fue muy difundida durante la segunda guerra mundial, pero en experimentos realizados después de la guerra pareció que los resultados ya no respondían a las expectativas. En realidad, el principal error a que se debió el fracaso parcial de dicho método fue el escaso conocimiento de las técnicas de empleo. En nuestros días, el método de la narcohipnosis se ha recuperado y perfeccionado con éxito, aunque, obviamente, sólo en el ámbito médico.

Es indispensable no confundir narcosis con hipnosis, si bien involuntariamente puede a veces transformarse la primera en la segunda. Mientras la hipnosis es un fenómeno psicosomático, en el que pensamiento y acción quedan controlados por sugestión, la narcosis es un estado de somnolencia en el que, según la dosis suministrada, se manifiestan diversos grados de entorpecimiento, confusión, desorientación y somnolencia.

Lo más aprovechable del método de Horsley para inducir a hipnosis es su gran rapidez. En el transcurso de escasos minutos, se obtienen resultados que necesitarían semanas de minucioso trabajo con métodos normales de inducción en trance. Mediante la narcohipnosis se llega a un buen estado de profundidad en una sola sesión, durante la cual se dan al sujeto sugestiones posthipnóticas, de forma que responda igual que en los métodos normales de inducción.

La mejor técnica para utilizar en una sesión de narcohipnosis es la basada en el método de fraccionamiento de Vogt, por la que el sujeto es hipnotizado repetidamente, despertado y sumergido de nuevo en trance. Pavesi dice a este respecto:

> La sesión de narcohipnosis es, en sustancia, un adiestramiento intensivo al trance hipnótico, en el que se señala al sujeto cómo ser hipnotizado y en el que resulta muy útil incidir sobre tres características de la hipnosis:
>
> — la capacidad de entrar en trance rápidamente tras unas sugestiones apropiadas;
> — la capacidad de seguir sugestiones posthipnóticas;
> — la capacidad de andar en estado sonambúlico.

Método
de autohipnosis

El término *autohipnosis* siempre ha tenido connotaciones inquietantes. No obstante, sólo significa que el sujeto entrará en trance hipnótico por sí mismo, con un largo entrenamiento en la introspección o con las sugestiones posthipnóticas que el hipnotizador original le haya dado.

Aunque existen diversas técnicas de autoinducción, vamos a exponer brevemente la que consideramos mejor, la empleada por Wolberg.

Cuando el sujeto llega a un estadio de trance medio, el hipnotizador empieza a inducirle determinadas sugestiones con estas palabras:

> Mientras estás así relajado, te enseñaré a utilizar la hipnosis para calmar tus nervios, para conseguir una completa confianza en ti mismo, para dar sugestiones terapéuticas y, cuando sea necesario, para lograr producir anestesia en cualquier parte de tu cuerpo.

Primero te enseñaré a conseguir por ti mismo los mismos fenómenos que yo he provocado durante el trance. Y esto mediante las sugestiones que te darás a ti mismo.

Cuando yo lo diga, despiértate y permanece en la misma posición actual. Fija los ojos en un punto del techo y relaja todos tus músculos. También relajarás tu mente y, mientras tanto, tus ojos empezarán a cansarse, a serte pesados, y tendrás deseos de cerrarlos. Continúa relajando todo el cuerpo: manos, brazos, músculos del cuello, del rostro... Respira cada vez más profundamente. Tus ojos están cada vez más cansados y pesados. Continúa relajándote. Empieza a sentir el peso de tu cuerpo en el sillón, hasta que no puedas seguir manteniendo los ojos abiertos; ciérralos y te sumergirás en un estado de entumecimiento agradable y reposado. Por último, abre los ojos y poco a poco vuelve al trance.

En este punto es necesaria una pausa suficiente para permitir al sujeto que realice todo lo que se le acaba de indicar.

Ahora ya has visto que en cuanto te has fijado un poco en el techo, has relajado todos tus músculos, has respirado profundamente y se te han cerrado otra vez los ojos, has entrado en este estado de trance tan agradable y reposado. Ahora estás en trance.

Voy a pasar mi mano por tu brazo derecho. Enseguida se volverá pesado y rígido, tan rígido que no lograré doblarlo, aunque me esfuerce. Contaré hasta cinco, y al decir cinco el brazo se habrá vuelto tan rígido que ni tú ni yo conseguiremos moverlo.

Se cuenta hasta cinco, tras lo cual, con voz fuerte y vibrante se prosigue:

Tu brazo está rígido. Sí, rígido e inmóvil como el mármol. Tan rígido que si intentas doblarlo no vas a poder. Cuanto más lo intentes, más rígido se te volverá. Pruébalo. ¿Ves cómo no puedes doblarlo? Ahora detente. Convéncete de que no es posible doblar tu brazo. Voy a contar de nuevo hasta cinco y, al decir cinco, tu brazo se volverá normal, y tú y yo podremos doblarlo.

Al decir cinco, el hipnotizador prosigue:

El brazo se ha vuelto normal. Ahora voy a pedirte que abras los ojos y te despiertes a mi señal. Enseguida quiero que vuelvas a sumergirte en trance como has hecho antes. Mientras permanezcas en trance, tú mismo darás las sugestiones para que tu brazo se vuelva rígido e inmóvil. Intentarás doblarlo, pero el brazo se hará cada vez más rígido hasta que tú mismo cuentes hasta cinco y todo vuelva a la normalidad. En ese momento estarás profundamente dormido y permanecerás así hasta que yo te diga. Contaré hasta cinco. Entonces abrirás los ojos y despertarás, pero te quedarás en la misma posición, cayendo de nuevo en trance, autosugestionándote, para producir la rigidez del brazo y normalizarlo con nueva orden.

El hipnotizador cuenta hasta cinco y continúa:

Ya ves que consigues caer de nuevo en trance y producir rigidez en el brazo. Has intentado doblarlo sin conseguirlo, de tal forma que has tenido que sugestionarte para que el brazo volviese a ser normal, y contar hasta cinco para conseguirlo. Por eso, el brazo ha perdido aquella rigidez que había sido capaz de lograr por la sola fuerza de tu sugestión, y ahora estás en un sueño mucho más profundo y reposante. Quiero que ahora te imagines que andas por un pasillo largo rato. Al fondo del mismo, en un rincón hay una palangana llena de agua, que debe estar muy caliente; quieres notarla y metes la mano dentro. Notas la sensación de quemarte y retiras la mano muy deprisa, dolorida y quemada. Una vez hayas logrado imaginar realmente cuanto te acabo de sugerir, levanta tu mano izquierda para hacérmelo saber. Imagínate a ti mismo por ese pasillo, descubriendo la palangana de agua, metiendo la mano, quemándote y notando lo dolorida que ha quedado. Indícame con una señal de la izquierda si consigues ver todo esto.

Una pequeña pausa.

Tu mano se ha levantado. Muy bien. Ahora imagínate que has ido a visitar al médico. Tienes infectado un dedo y el doctor te pone varias inyecciones alrededor de la muñeca. Poco a poco la mano izquierda se vuelve insensible y dura, como si fuera de madera. En cuanto notes estas sensaciones levanta la mano. Imagínate que ya te han puesto las inyecciones. Sentirás que la mano queda insensible. Cuando lo notes, levántala.

Otra pausa.

Muy bien. Tu mano se levanta y vuelve a bajar. Ahora pellízcate en las dos manos. La derecha empezará a dolerte, pero la izquierda permanecerá completamente insensible. Cuando yo pellizque la derecha, vas a sentir un fuerte dolor, pero cuando pellizque la izquierda no sentirás nada. Ahora pellizco tus manos: ¿Ves qué diferencia tan grande? ¡Muy bien! Ahora pellízcatelas tú solo sin abrir los ojos, sigue durmiendo tranquilamente. Las pellizcas y ves la diferencia. ¿Has visto qué reacciones tan distintas? A una señal mía, abre los ojos, quédate en la misma posición y, cuando yo te lo ordene, vuelve a dormir profundamente. Ya en trance, piensa que el brazo se vuelve rígido y duro, y aunque intentes doblarlo no podrás. Ahora cuenta hasta cinco, y haz que tu brazo se vuelva normal. Permanecerás dormido profundamente.

Al llegar aquí, se le ordenará caminar por el corredor, ver la palangana y sumergir la mano derecha.

Enseguida sentirás cómo te quema y te duele la mano. Una vez sufrida esta sensación, comunícamelo levantando tu mano izquierda.

Se inculcará la sensación de ponerse inyecciones en la mano izquierda para volverla insensible.

Sentirás cómo se te vuelve insensible y dura como la madera. Entonces pellízcatela y comprueba la diferencia. Ahora te quitaré la insensibilidad de la izquierda y te renovaré el dolor en la derecha acariciándola. Luego te pellizcaré ambas manos y ya no notarás diferencia entre ellas. ¿Ves cómo han quedado iguales y normales? ¡Muy bien! Ya son normales de nuevo. Contarás hasta cinco y abrirás los ojos otra vez. Enseguida, vuelve a dormirte, prodúcete rigidez en el brazo, hipersensibilidad en la mano derecha, insensibilidad en la izquierda y todo ello mediante las sugerencias que tú sabes darte. Luego, pellizcándote la mano, tendrás ocasión de comprobar la diferencia de sensibilidad. Ahora cuenta.

Larga pausa para permitirle al sujeto realizarlo todo.

Ya has notado la diferencia entre ambas manos. A través de las sugestiones que tú mismo te has dado, has sido capaz de caer en trance, producir rigidez en tu brazo, hipersensibilidad en la mano derecha e insensibilidad en la izquierda, y todo esto, ¡tú solo! Cuando te despiertes vas a descubrir una cosa interesantísima: la hipersensibilidad de la derecha y la insensibilidad de la izquierda estarán todavía presentes. Apenas despiertes, intenta pellizcarlas y advertirás efectivamente una gran diferencia. Sin embargo, después se volverán normales.

Ahora te induciré una nueva sugestión. Quiero que imagines que andas por la calle. Te acercas a una iglesia, admiras su hermosa arquitectura y ves el campanario con sus campanas. Centra tu mirada en una campana. Verás cómo empieza a moverse y al mismo tiempo vas a tener una clara sensación de oír su tañido. Apenas lo oigas, levanta tu mano izquierda.

Después de una pequeña pausa, el hipnotizador continúa:

Has levantado la mano. ¡Muy bien! Ahora quiero que imagines que me ves. Salgo a tu encuentro con un pequeño frasco en la mano en el que se ve una etiqueta con un ramo de violetas; tú, naturalmente, piensas que lleva perfume de violeta; le quito el tapón, te lo acerco a la nariz y tienes la sensación de aspirar el perfume y la fragancia de las violetas. En cuanto lo notes, levanta la mano izquierda. En ese momento te pediré que despiertes una vez haya contado hasta cinco. Cuando estés despierto, volverás rápidamente al trance imaginándote que llegas a la iglesia, que oyes con claridad el sonido de las campanas y, finalmente, que sientes el aroma de las violetas. Entonces, contarás hasta cinco y te despertarás; te pellizcarás las manos y comprobarás la diferencia de sensibilidad entre una y otra. En cuanto te convenzas de que son en realidad diferentes, sugiérete que vuelvan a ser normales. Ahora contaré de uno a cinco. Al cinco, despierta. En adelante, serás capaz de caer en trance cuantas veces lo desees, podrás sugestionarte, reproducir todo lo que has conseguido sin ayuda de nadie. Los efectos se mantendrán hasta que tú quieras. Serás capaz de dictarte cuantas sugestiones te parezcan oportunas para calmarte los nervios, para conquistar una completa confianza en ti mismo y para provocar cualquier anestesia en cualquier parte de tu cuerpo, si así lo necesitas.

El hipnotizador cuenta hasta cinco, luego nace una pausa larga para que el sujeto pueda regresar al trance, producir todos los fenómenos que se le han sugerido y despertarse por sí solo.

Fíjate, te has despertado tú mismo. ¿Sientes la diferencia entre las dos manos? ¿Cuándo quieres que vuelvan a ser normales? Piénsalo y vuelve a probar. ¿Verdad que ya son normales? ¡Estupendo!

Aquí se acaba la primera sesión. El sujeto debe regresar a los dos días, y se le sigue enseñando cómo obtener la autohipnosis.

La segunda sesión debe empezar así:

> Ahora querría que empezaras a darte sugestiones para entrar enseguida en trance. En cuanto duermas, te diré lo que tienes que hacer.

El sujeto se fija en un punto del techo, empieza a bajar sus párpados, los cierra y se sumerge en el trance.

> Ahora cogeré tu brazo, lo extenderé hacia mí, lo acariciaré y se volverá rígido y pesado, duro y sólido como una roca. Apenas diga cinco, será como una piedra. Uno, dos, tres, cuatro, ¡cinco! Pesado y duro como una piedra, cada vez más pesado, cada vez más rígido. Aunque intentes moverte con todas tus fuerzas, no podrás. Cuanto más lo intentes, más duro y rígido se volverá. Luego, tras una sugestión mía, serás capaz de quitarle su rigidez y su peso. Te ruego que cuentes del uno al cinco. Al decir cinco, serás capaz de retornar tu brazo a la posición normal y doblarlo.

El sujeto cuenta del uno al cinco y el brazo empieza a relajarse.

> Tu brazo ya se ablanda y consigues doblarlo. ¡Muy bien!

Pausa.

Ahora intenta seguirme con atención. Poco a poco sentirás que eres capaz de darte las sugestiones que calmarán tus nervios, que te darán un completo dominio de tu voluntad y que te aportarán plena confianza en ti mismo. Escúchame atentamente: has de darte las sugestiones que acabas de oír enseguida que caigas en trance y antes de despertarte, acuérdate bien. Nos volveremos a ver mañana. En vez de venir aquí, vas a hacer lo mismo que harías aquí pero en tu casa y por tu cuenta, después de entrar en trance tú solo. Repasaremos juntos todo el procedimiento y así podrás repetirlo mañana sin equivocarte: imagínate que la sesión que te darás tú solo equivale a la que tendrías conmigo. Quiero que la ensayes ahora, para que mañana seas capaz de hacerlo solo. Podrás caer en trance siguiendo las instrucciones que te he dado. Te sentarás en un sillón, luego mirarás un punto del techo, sentirás que tus ojos se cansan y se vuelven pesados, los cerrarás y caerás en un trance verdaderamente profundo. En cuanto duermas, te darás la sugestión de que el brazo izquierdo se tensa, se hace duro y rígido como el acero. Cuando el brazo llegue a esto, te darás cuenta de que no consigues moverlo ni doblarlo. Luego contarás del uno al cinco y al decir cinco desaparecerá la rigidez. La mano izquierda caerá poco a poco hasta descansar otra vez sobre los muslos. Mientras tanto, te autosugestionarás de esta manera: estás caminando por un pasillo y descubres una palangana de agua hirviendo en un rincón, ves el humo y sumerges la mano derecha. La sacarás, pero la notarás muy sensible y dolorida. Te darás sugestiones para producir anestesia en la mano izquierda. Te imaginarás que vas al médico, que te dan una inyección de novocaína en la muñeca y tendrás la sensación de que la mano se vuelve completamente insensible y muerta, como si ya no fuese tuya. Te pellizcarás las manos alternativamente y sentirás la enorme diferencia que hay entre ellas. Luego te dictarás las sugestiones terapéuticas que te he dado primero. Esto te ayudará a lograr una gran confianza en ti mismo, una seguridad mayor y, si quieres, podrás producirte anestesia en cualquier parte del cuerpo. Cuando te las hayas dado, dormirás durante dos o tres minutos y te despertarás espontáneamente, fresco y descansado. En caso de que alguien entre en la habitación, serás capaz de despertarte solo, por ti mismo. Esto es muy importante. En el futuro, cuando tengas oportunidad de hacerlo, serás capaz de caer en trance e inducirte sugestiones tú mismo. Ahora contaré del uno al cinco. Al llegar a cinco abrirás los ojos. Luego volverás al trance, producirás rigidez en tu brazo, volverás a quitársela, producirás anestesia en la mano izquierda, hiperestesia en la derecha, pellizcarás ambas para percibir la diferencia y te quitarás todas las sensaciones. Después te inducirás las siguientes terapéuticas que te permitan sentirte mejor y más fuerte. Dormirás durante tres minutos y te despertarás. Uno, dos, tres, cuatro, ¡cinco!

El sujeto obedece a las sugestiones.

En la siguiente sesión se le enseña a entrar en trance, pronunciando él mismo las siguientes palabras:

Ahora voy a dormir profundamente.

Y cuenta hasta cinco.

Se le enseña también a dictarse sugestiones terapéuticas sin necesidad de producir rigidez ni sensibilidad diferente en las manos. Por último, se le puede enseñar a dictarse las mismas sugestiones terapéuticas en estado de vigilia, sin recurrir al trance hipnótico.

Las sugestiones posthipnóticas

Otra de las innumerables posibilidades del trance hipnótico es la de hacerlo resurgir tras un largo periodo de vida normal, exactamente como si se hubiera sembrado una semilla hipnótica y brotase en el momento calculado o, para emplear un símil actual, como si se hubiese programado al hipnotizado. En efecto, cada vez que el sujeto obedece a una sugestión posthipnótica en realidad está dando paso a un verdadero trance hipnótico programado para desatarse al reunirse determinadas condiciones, como las de fecha, hora y circunstancia.

Así, una vez inducido al trance, aunque sea ligero, será suficiente dar una sugestión posthipnótica, que el sujeto deberá obedecer para despertarse y que dará lugar a un nuevo trance programado que se verificará en un futuro y en unas condiciones que deben quedar bien establecidas durante la sesión original de sueño hipnótico.

Por supuesto, semejante procedimiento no tiene límite, por lo que puede darse una nueva orden posthipnótica cada vez que esté cumpliéndose la anterior, por más que el sujeto parezca hallarse en condiciones de perfecta lucidez.

Dicho en otras palabras, una sugestión posthipnótica constituye por sí misma una auténtica hipnosis programada a corto, medio o largo plazo, y se presenta de tal manera que bien merece el calificativo de *automática*.

Y, precisamente, a esta característica debe su enorme dificultad.

Cuando una persona es hipnotizada y recibe una orden posthipnótica, deberá cumplirla cuando se den determinadas circunstancias. Por ejemplo, cuando una persona a la que se «ha programado» posthipnóticamente para dejar el alcohol tenga ante sí una bebida alcohólica sentirá una repugnancia intolerable. Si la oportunidad de beber continúa, le sobrevendrá, además de la náusea, un irrefrenable deseo de escapar. Si de lo que se trata es de conseguir que aborrezca el tabaco, con la técnica del mandato posthipnótico no podrá resistir ni el olor.

El caso es que el sujeto así programado despierta sin recordar nada sobre la orden posthipnótica (a veces sin recordar siquiera que se le sometió a la hipnosis) y pasan semanas antes de que se vea frente a una copa, pero en tal momento, ante su propia extrañeza y la de quienes le conozcan, se le verá actuar tal como le fue ordenado, sintiendo náuseas ante la bebida alcohólica.

Órdenes posthipnóticas terapéuticas

No obstante, es preciso que el hipnotizado sea capaz de ejercer un control sobre la intensidad de las reacciones que va a protagonizar. Lo primero que la experiencia debe indicar al hipnotizador es el límite que podrá resistir el sujeto. Hay que tener presente que la aversión inducida hipnóticamente podría llegar a ser más nociva que el mal que se busca combatir. Por lo tanto, siempre será preciso calibrar la resistencia máxima que es capaz de desplegar el hipnotizado en la situación a que piensa sometérsele.

Así, por ejemplo, si no creemos que el sujeto «programado» para dejar el alcohol sea capaz de sobrellevar las indisposiciones que se le indicó sentir ante la bebida, es necesario cambiar el obstáculo. El nuevo obstáculo podría ser, por ejemplo, que ver una bebida alcohólica le induzca a llorar inconteniblemente. Semejante situación haría que el sujeto desarrollara una gran antipatía hacia los bares, las fiestas y demás situaciones de tentación para él.

Potencias positivas de las órdenes posthipnóticas

Por medio de sugestiones posthipnóticas, se puede ayudar de manera muy efectiva a quienes desean abandonar hábitos nocivos, como el tabaquismo o el alcoholismo, aficiones enfermizas, como la ludopatía, incluso amores perjudiciales, pero también es posible fortalecer virtudes como el aprendizaje, la disciplina y la constancia en el trabajo, o superar limitaciones, como la timidez y la irritabilidad.

Asimismo, puede infundirse un grado de satisfacción o felicidad cada vez que se logra el cometido o, por el contrario, programar una reacción preventiva para evitar que el hipnotizado caiga en la tentación, por lo que se le vería romper a llorar delante de todo el mundo en las ocasiones que falle o eluda su propósito.

Algunos maestros de la hipnosis han llegado hasta refinamientos como los de hacer brotar una erupción epidérmica cuando el sujeto se aproxima con deseo al objeto de su vicio o causar una tartamudez muy desalentadora. Y todo ello mediante la sugestión posthipnótica, todo un mundo de posibilidades, ciertamente, aunque repleto de responsabilidades.

Un caso sorprendente de trance posthipnótico

Si se comprueba que el sujeto posee aptitudes mediúmnicas, de videncia o telepáticas, mediante la orden posthipnótica se le puede inducir a emplearlas en una ocasión determinada.

Ese fue el caso de sir Arthur Bentley, que poseía el don de captar telepáticamente el pensamiento y los secretos de las mentes que se cruzaban en su camino, siempre que se tratase de personas preocupadas, obsesionadas o pendientes de una idea fija.

Con el propósito de elevar esta cualidad a su máxima potencia, acudió a su íntimo amigo el doctor John F. Mortimer, quien por aquellos días acababa de descubrir las excelencias del hipnotismo y le había hablado de la posibilidad de ayudarle a potenciar y encontrar nuevas y mayores aptitudes paranormales.

Las primeras sesiones dejaron gratamente sorprendidos a hipnotizador e hipnotizado, pero no satisfechos. Resultaba evidente para ambos que aún debía haber mucho más que lo hallado de manera tan sencilla. En particular, el doctor Mortimer sentía que sólo a través de la experimentación podrían encontrar mayores aplicaciones para las facultades de sir Arthur, por lo que no dudó en impartirle una singular orden posthipnótica: todas las noches, durante una semana, debería salir a pasear por las inmediaciones de su residencia y analizar la mente de las mujeres que se cruzasen en su camino, en busca de las que se dirigiesen a realizar un acto vergonzoso, para rogarles que desistieran y volviesen al buen camino.

El doctor Mortimer no era nada parecido a un puritano; en realidad, esto le hubiera parecido la broma más divertida de no ser porque esperaba mucho del experimento.

Era público que algunos de los ricos habitantes del barrio se hacían visitar por modestas empleadas ansiosas de un romance que las redimiera de la pobreza o que las ayudase a cumplir algunos deseos. Todo sucedió puntualmente, llegando sir Arthur a aterrorizar a algunas damas que se sentían de repente descubiertas por alguien que podía denunciarlas a sus maridos o atraerles el escándalo. Creían que todo el vecindario estaba alertado y acababan huyendo. Realmente, el aristócrata no se imponía ninguna discreción y les gritaba de un lado al otro de la calle:

—¡Vuelve a tu casa, mujer! ¡El hombre al que vas a ver te dará unas libras, pero arruinará tu vida!

Transcurrida una semana el doctor Mortimer sabía que sir Arthur podría rendir importantes servicios a su país en el espionaje. Sir Arthur no se opuso, en parte por su gusto por la aventura y en parte porque sus vecinos habían empezado a mirarle de una forma poco tranquilizadora, incluso algunos habían dejado de saludarle. Pensó que tal vez le temían por sus poderes, pero no lo supo con certeza, porque ningún telépata es capaz de detectar pensamientos que le resultarán adversos, por intensos que sean, de la misma manera que el adivino es incapaz de prever su propia suerte.

Cómo hacer despertar a la persona hipnotizada

Para hacer volver a la realidad al sujeto, se le debe preparar siguiendo una técnica bien establecida.

En primer lugar, hay que evitar toda brusquedad o planteamiento súbito de volver a la realidad, pues no se trata de algo que pueda cumplir de manera tan sencilla como levantar un brazo, habida cuenta de que deberá ascender por varios niveles hasta alcanzar el de la plena conciencia. Se le anuncia que se sentirá muy bien, mejor que nunca, y si deberá o no recordar lo sucedido durante el trance. Luego, el hipnotizador le advierte que va a contar hasta tres:

Uno. Empiezas a volver en ti y te sientes cada vez mejor... Dos. Te sientes mucho mejor; olvidarás totalmente lo que has dicho y hecho mientras dormías ahora.

Esta orden no es necesaria y en ciertos casos es posible, incluso, que convenga hacer que el sujeto recuerde todos o algunos de los comandos recibidos durante el trance.

Pero te sentirás muy bien, mejor que nunca... Tres. ¡Despierta sintiéndote muy, muy feliz, relajado y decidido a pasar un espléndido día!

El hipnotismo
sobre los animales

E l sueño hipnótico implica alcanzar un nivel superior de relajación. No obstante, existen grados anteriores o elementales, como el de la fascinación, al que es posible conducir a muchos animales. Algunos, incluso, pueden ser sugestionados, haciéndoles aceptar una serie de hechos imaginarios y reaccionar ante ellos.

Se trata de un fenómeno tan antiguo como la hipnosis centrada en la potencia humana, pero los científicos no se decidieron a prestarle atención hasta los experimentos con animales de Pavlov. Durante su experimentación, se observó que cuando ya se habían colocado al animal todos los controles necesarios para registrar sus reacciones, se le mantenía a la espera del siguiente paso. Como consecuencia, el animal, inmovilizado, permitía que al menos su cerebro «escapara», dejándole a él ahí, en estado de fascinación, sobre la mesa de experimentos.

La explicación a este fenómeno ya fue señalada por Darwin: las posturas adoptadas por los hombres o animales tienen una carga anímica o, más específicamente, un significado. Los gestos, como el de ira, imponen actitudes aptas para el ataque y la pelea, en tanto que el afecto y el deseo de contacto ponen en actividad todos los mecanismos destinados al despliegue de la emoción afectiva y la captación de sensaciones.

Cuando el animal es puesto en actitud de inconfundible espera y sólo se le permite acurrucarse, se encuentra con que su cerebro es inducido a pensar en la necesidad de dormir, convencido de la imposibilidad de escapar, atacar o intentar defensa alguna. En semejante condición sólo puede protegerse contra el temor, la inseguridad y la indefensión recurriendo a ensimismarse, lo que podrá hacer sin dificultad llegando inadvertidamente hasta la autohipnosis misma, como último refugio.

Las antesalas son hipnóticas

De hecho, puede afirmarse que la costumbre de imponer antesalas en los despachos deja a la persona que allí se encuentra expuesta a un trance de adormecimiento anímico que limará y abreviará sus mejores argumentos, haciéndole esperar más de la respuesta del visitado que de cuanto venía a exponerle.

Quien espera, por este solo acto, queda en condición de sumisión ante el titular del despacho que le ha impuesto un primer mandato. Y de llegar a investigarse seriamente el poder del papel de cancerbero que representan una recepcionista o un soldado armado, se vería que la diferencia es mínima, porque ante una u otro el visitante considera imposible ir más allá y adentrarse en el cuarto de la persona a la que se desea ver. Más aún, cuando el visitante es recibido, suele hallarse en una disposición mayor a atacar o aceptar las proposiciones o disposiciones de la persona visitada.

Por esta razón, la antesala ha cobrado connotaciones de autoridad; la autoridad más o menos legítima de quien puede hacer que otro adopte una actitud que su mente considera indefinida o de inactividad obligada, como una pausa dentro de su vida y de su voluntad, previa a expectativas de considerable importancia. Ciertamente, esto obra en beneficio del poder que pudiera desear lo mismo un negociante que un hipnotizador.

Si hay cerebro, hay hipnosis

Volviendo a la capacidad de los animales para entrar en trance hipnótico, hay que decir que se da en múltiples especies, desde los insectos hasta los mamíferos más voluminosos. Donde haya un cerebro, hay una puerta «trasera» hacia diversas dimensiones, algunas de las cuales se hallan al alcance de las bestias.

Algunos animales, incluso, poseen cualidades mediúmnicas, como la de percibir la presencia de entidades fantasmales o detectar espiritualidades nocivas que acechan, incluso si se hallan sujetas todavía a un cuerpo. Es el caso de los perros y gatos que muestran una instantánea aversión a la vista de ciertas personas, mientras que normalmente actúan mansamente con todo el mundo.

Mediumnidad animal

Ciertamente, los animales perciben, a veces con complacencia, la presencia del mal. Con gran frecuencia la detectan antes que los humanos, debido a que el sentido al que denominamos *sexto* es muy agudo en perros, gatos y caballos, principalmente. Este sexto sentido se traduce en la facultad para captar la energía periespiritual maligna, desviada o espectral, que para ellos es como una vibración de muy elevada frecuencia.

También poseen, a veces, ciertas facultades mediúmnicas que les permiten actuar como rudimentario puente entre lo material y lo espiritual, permitiendo fenómenos como el de la posesión, aunque sin trascender jamás su condición animal.

Fascinación mortal

Asimismo, diversos animales poseen del don de fascinar y de él se valen para cazar a sus presas, como hacen varias especies de serpientes y búhos, así como algunos felinos e insectos, que ejercen su poder sugestivo provocando parálisis por fascinación en sus víctimas o haciéndoles venir hasta ellos dócilmente, sin tener que recurrir a persecución y lucha, pese a que hacerlo implica la muerte para los fascinados.

Conviene aclarar aquí la falsedad de la creencia de que una persona hipnotizada no hace nunca nada en contra de sus convicciones. Está plenamente comprobado que un poderoso influjo hipnótico puede contrarrestar el más vivo de los instintos de conservación, desde el pudor hasta el horror al crimen. Sin embargo, si quien intenta sobrepasar estos límites no es un hipnotizador de especiales facultades y experiencia, es más que probable que el sujeto se despertará instantáneamente, conservando o no el conocimiento de la causa de su sobresalto.

No obstante, la potencia de la fascinación puede alcanzar niveles de instantánea catalepsia. En los orígenes de la fotografía, cuando para hacer una toma se empleaban las desconocidas e impresionantes lámparas de magnesio, hubo numerosos casos de personas caídas en instantáneo trance ante el potente resplandor, lo mismo que les ocurre a conejos o ciervos al ser sorprendidos en medio de la carretera, en una noche oscura, por la súbita iluminación de los faros de un automóvil.

Los sueños, un gran recurso de la mente

Todos los seres que poseen un sistema nervioso simpático pueden caer en trance hipnótico o inducirlo en otros, a la vez que generar infinitas y sutiles adaptaciones psíquicas o afectivoemocionales, así como recurrir, para mantener su equilibrio cerebral y nervioso, a la formación de una incalculable cantidad de sueños, influyendo a la vez en estas condiciones para que se dé o desaparezca un comportamiento determinado. Y esto incluye a la mayoría de los animales, aunque, por ser menores las características de su estructura cerebral, no sean capaces de entrar en el trance hipnótico propiamente dicho y se queden en un estado de embeleso inducido.

Como ejemplo de ello puede comprobarse la actitud del gato que, tras haber atrapado a un pájaro, lo hunde en el trance y juega con él despiadadamente sin por ello hacerlo volver en sí. A pesar de esto, si se produce un ruido que consiga distraer y detener al felino haciéndole mirar hacia otra parte, se verá cómo el ave consigue salir al instante del trance fatal y escapar volando.

En cuanto al aspecto meramente mecánico, Pavlov fue el primero en determinar lo siguiente:

> Cualquier excitante condicionado (ya sea táctil, auditivo, luminoso, eléctrico o mecánico) es registrado por el organismo, acaba por producir somnolencia, inhibición y, finalmente, auténtico sueño. Y si tal enervación prosigue, se verifica la entrada inmediata en el trance hipnótico.

Método indio
para hipnotizar animales

Puede ya confirmarse científicamente la validez de tantas acciones que la gente de la ciudad clasificaba dentro de lo misterioso, en tanto que la del campo catalogaba dentro de lo curioso e inexplicable: podrá hacerse que un gallo caiga en un sueño de características casi catalépticas con sólo trazar con su pico una raya en la tierra mientras se le sostiene la cabeza entre los dedos índice y pulgar de una mano.

Un efecto semejante se conseguirá con un conejo, en absoluta oscuridad, dirigiéndole súbitamente una luz potente, como bien saben hacer los indios huaves en el istmo mejicano de Tehuantepec. Con objeto de controlar a sus animales, por la mañana los hacen ir solos, en impresionante caravana de bestias, acatando un mandato de características posthipnóticas, rumbo a una isla próxima, siguiendo una ruta muy precisa por la que las aguas apenas alcanzan unos centímetros de profundidad. Para esto, bueyes, vacas, caballos y asnos prestan su lomo para que las gallinas hagan el trayecto. Y de la misma manera vuelven todos al atardecer, separándose en la orilla para encaminarse apaciblemente hacia los corrales de sus respectivos dueños.

Por supuesto, no faltará quien diga que se trata de un comportamiento creado a base de reflejos condicionados, pero, no obstante, habrá que prestar atención a la forma en que tales reflejos fueron desarrollados y a la sabiduría específica de esos indios que, en vez de recurrir a medios mecánicos, optaron por la «tecnología paranormal» que hasta no hace mucho tiempo hubiéramos clasificado en el orden de los embrujamientos y endemoniamientos y que se centra en sistemas de fascinación específicos.

El conocimiento de la naturaleza animal, vegetal y humana es lo apropiado, siempre dentro de un entorno casi mágico, ajeno por completo a cuanto pudiera derivar a lo industrial. Los huaves, al igual que tantos otros pueblos indígenas, conocen capacidades animales como la que Pavlov descubrió en los perros al observar que sus reflejos condicionados hacían que sus glándulas salivales y gástricas empezaran a segregar sus líquidos cuando escuchaban el funcionamiento del metrónomo a 100 oscilaciones, que se hacía coincidir con el servicio de su comida, pero permanecían inactivas cuando se disponía a 98 o a 102 oscilaciones. El oído humano, ciertamente, es incapaz de reconocer diferencias rítmicas tan pequeñas.

Y hay otras numerosas características correspondientes a cada una de las especies domésticas que los huaves crían, sólo conocidas por ellos, por lo que pueden enviar a estos animales diariamente a comer adonde pueden hacerlo, sin que ello aporte ningún problema ni gasto para sus dueños. Se vuelven, así, hipnóticamente suficientes.

Según Gastón, *el de los ojos de chamuco*, ya mencionado en esta obra, puede hipnotizarse por medio del hábil empleo de colores a todos los animales que duermen o durmieron alguna vez de noche. Para ellos la luz del sol tiene un encantamiento irresistible al descomponerse en colores.

No obstante, el viejo brujo indio de portentoso poder hipnótico advierte que esto no funciona con los perros, porque descienden de animales nocturnos cazadores, como lobos y coyotes, hienas y chacales, por lo que ni siquiera son capaces de distinguir los colores, pero, en cambio, reconocen al instante todas las fuerzas malignas, a las que renunciaron al preferir la compañía humana.

El encantamiento hipnótico de serpientes

Es típico el personaje del encantador de serpientes en la India. Muchas versiones se han tejido sobre la forma en que estos hombres consiguen someter a las venenosas cobras del género naja en plena calle, tratándolas como a dóciles perritos mediante la fascinación por procedimientos sensoriales.

Asimismo, para hipnotizar cocodrilos y caimanes es suficiente con aplicarles presiones digitales (con los pulgares, para imprimir mayor energía) en la parte frontal y central de los labios, como intentando separárselos de las encías, apoyándoles los otros cuatro dedos de cada mano en la parte alta y baja del hocico, a fin de afianzar la sujeción. Pero si el hipnotizador prefiere una acción menos arriesgada, bastará con que los vuelva súbitamente, de manera que queden con el lomo en el suelo, panza arriba.

La caricia magnética para hipnotizar cangrejos

Para hipnotizar langostas y cangrejos, como se hace desde tiempo inmemorial en Oriente, tampoco se requieren complicados procedimientos.

Basta con acostarlos sobre su cabeza, para que queden sumidos en profundo trance por espacio de más de un cuarto de hora.

También se consigue hipnotizar a estos animales por el sistema mesmérico conocido como *caricia magnética*. En realidad, incluye múltiples formas de lograr el efecto de que los cangrejos queden petrificados. Alcanzan el estado que Preyer, el famoso investigador de la hipnosis animal, denominó *cataplexia*, por su similitud con las características de la catalepsia.

Hipnotismo sobre otros animales

Nadie ha causado tanto asombro en el hipnotismo animal como el húngaro Balassa, que en 1828 alcanzó la celebridad por sus procedimientos para amansar y amaestrar caballos por medio de la hipnosis.

Su compatriota Czermack tuvo también mucho éxito en 1873 fascinando pájaros, salamandras, conejos, cangrejos y muchos otros animales.

En 1881, el bostoniano Beard, valiéndose de la fijación de la mirada, de una melodía, de una luz intensa o del miedo, consiguió hipnotizar elefantes y leones.

La potenciación del aura

E l hipnotismo ha demostrado ser un vehículo o un potenciador insuperable para aflorar los poderes paranormales adormecidos. La mayoría de los médiums espiritistas y los videntes recurren a él para, desde el trance, dejar fluir sus facultades sin el posible freno de la conciencia. Pero aún hay más que la simple sugestión y la acción introspectiva de la hipnosis.

Es indudable que existe una naturaleza inmaterial, dueña de una singular energía, que el ser humano puede enviar como prolongación de sí mismo para ver, oír, sentir, palpar, gustar y decir, como veremos más adelante cuando citemos algunos de los maravillosos experimentos hechos a finales del siglo pasado y principios de este y reanudados hace poco más de tres décadas por científicos estadounidenses y soviéticos, aunque rodeados de todo el misterio que implica el secreto de estado.

La energía del aura
es materia militar reservada

La naturaleza del aura, que ha recibido innumerables designaciones desde hace milenios, parece obedecer con mucha mayor fidelidad al individuo hipnotizado.

Tanto es así que se llega al extremo de que se manifiesta con un inusitado vigor que le permite realizar grandes prodigios, no sólo leer documentos introducidos en un sobre cerrado o localizar a personas que se encuentran en puntos lejanos.

La persona hipnotizada puede llegar a establecer comunicación con la dimensión de los muertos, captar el efluvio periespiritual, o aura, de personas secuestradas o de participantes en actos delictivos (a través del aura impregnada en prendas o en el entorno mismo del lugar de los hechos).

Otra posibilidad que ofrecen las técnicas de la hipnosis consiste en adiestrarse en una paranormalidad específica con el fin de actuar en misiones estatales de alta reserva, en comandos cuya principal arma es la capacidad de hipnotizar a distancia (hipnotismo telepático) con todos los efectos que conlleva, como la invisibilidad, etc. De ahí, el particular interés de las grandes potencias militares que, como ya hemos señalado, se han entregado al estudio de cuanto se relaciona con el periespíritu.

La intuición de Descartes

No se trata de portentos recientemente alcanzados. La historia, desde los registros bíblicos, está llena de referencias a magos que viajaban con el pensamiento, aparecían y desaparecían a voluntad y daban lugar a poderosos encantamientos. Lo único nuevo es el actual retroceso de la incredulidad sistemática, pues esto permite el surgimiento de las potencias del periespíritu (fuente del aura) potenciadas por la hipnosis.

Si la transcendencia inmortal del hombre ha sido una convicción mantenida por religiosos y magos desde el origen de la especie, también ha sido una constante que la pusiesen en duda aquellos que precisamente se dedicaban al estudio de la naturaleza universal. Por ello tiene especial valor que el propio Descartes (1595-1650), considerado el padre de la ciencia, dedujera en sus *Principios de filosofía* que la base material de la vida psíquica radicaba en el movimiento de un humor muy especial segregado por la glándula pineal y que circulaba a lo largo de los tubos nerviosos. Sin duda, captó las emanaciones del aura y escribió:

> Las partículas de materia sutil [...] al dar con una materia apta para recibir su acción causan efectos sumamente raros y maravillosos como con-

mover la imaginación de los que duermen, y también de los que están despiertos, insuflándoles unos pensamientos que les advierten de las cosas que incluso ocurren lejos de ellos, pudiendo hasta hacerles sentir las alegrías o las congojas de un amigo.

La ciencia en pos de la anticiencia

Sin embargo, como ya hemos señalado en diversas partes de esta obra, la oposición nunca ha cesado, aunque también ha sido una constante la confesión de destacados hombres de ciencia de carecer de medios válidos para negar lo paranormal y el reconocimiento de la autenticidad de los fenómenos que han presenciado y analizado a su entera libertad, aunque en ocasiones se ha llegado al trato desconsiderado y humillante de los sujetos examinados, como el caso de la famosa médium italiana Eusapia Palladino.

En la actualidad, es común el estudio de lo paranormal en prestigiosas universidades de los países más industrializados del planeta, sin que esto signifique el reconocimiento oficial de sus implicaciones.

Por otra parte, ya no se puede ocultar el interés que en el ámbito militar e industrial han despertado todas las ramas de la parapsicología, especialmente, desde 1916, cuando el prestigioso

Bechterev, agregado de Pavlov, dio comienzo a una bien organizada serie de experimentos con el fin de desentrañar todas las posibilidades que el aprovechamiento de la energía física humana podría significar. Reunió todos los fenómenos relacionados bajo el término *radiobiología*.

El prestigio del hipnotismo

Más recientemente han podido comprobarse nuevos y muy considerables avances. Según declaró una de las mayores autoridades de la NASA, el profesor Eugene Konecci, en el XIV Congreso de la Federación Internacional de Astronáutica, celebrado en París en 1977, en el programa espacial soviético se estaba concediendo la máxima importancia a la «naturaleza y la esencia de ciertos fenómenos de comunicación electromagnética». Sin duda, no advertía que sus palabras estaban diciendo mucho más de lo que él mismo imaginaba: reconocía extraoficialmente que estaban abiertas las puertas de la ciencia a todos aquellos fenómenos ocultistas que antes y con grandes dificultades apenas fueron simplemente reconocidos y tolerados.

Particularmente, debemos notar el hecho de que con tal soltura se refiera el científico norteamericano a la electromagnética de un fenómeno parapsicológico, pronunciando ya el término con la misma naturalidad con que el profesor soviético Bechterev lo hace con el vocablo *radiobiología* para referirse a los mismos fenómenos.

La menor implicación de todo esto es que los científicos de ambos bloques están rastreando codiciosamente la huella de los antiguos magos en busca de los tesoros del cofre tan largamente enterrado, por lo que incluso trabajan ya sobre las propiedades del aura del ser humano.

Este halo, o aura que circunda el cuerpo humano, tiene una gran diversidad de nombres:

— achema (ocultistas);
— atmósfera humana (parapsicólogos de principios del siglo XX);
— biomagnetismo (ciencia moderna);
— campo psi-plasma personal (1977, NASA);
— chi (monjes saolín),
— efluvio (De Rochas);
— electromagnetismo (NASA);
— ki (samurais);
— ok (Von Reichenbach);
— palanca psíquica (Crawford);
— poder nervioso irradiante (Blondot);
— radiobiología (1916, Bechterev);
— rayos N (Killner, médico inglés);
— teleplastia (William Crookes);
— telergia (investigadores de la telequinesis).

Teorías sobre el aura

Antes de proseguir con las modernas versiones sobre esta fuerza aún desconocida que es parte esencial de la naturaleza de todo ser vivo, pero muy en especial del humano, es preciso examinar las consideraciones anteriores, ya que algunas parecen acercarse mucho a la verdad o, en cualquier caso, constituyen una parte de esa verdad hasta hoy inaprehensible:

• Teoría de Crookes. Originalmente denominada *fuerza psíquica* en los medios científicos que debían enfrentarse a los fenómenos paranormales y explicarlos, la realidad del aura fue revitalizada en Occidente a partir de la teoría de Crookes, producto de sus tenaces y muy admiradas investigaciones.

En ella atribuye al hipnotizador natural y al médium capaz de entrar en trance por sí mismo, una fuerza o poder por el cual algunos seres inteligentes pueden provocar los fenómenos que se observan.

• Teoría de León Denis. Complementaria de la anterior, fue expuesta en 1900 en París, en el Congreso Internacional de Psicología. Sostiene que el ser psíquico puede desprenderse del cuerpo humano.

• Teoría de la reverberación. Fue planteada por Görres para explicar ciertos estados mentales. El pensamiento del magnetizador, según Görres, puede desprenderse de este y reverberar en la mente del magnetizado, de forma que el segundo se verá inducido a contestar de acuerdo con la clase de pensamiento que haya recibido. Las respuestas del magnetizado, obviamente, serán una copia de los pensamientos del magnetizador.

• Teoría del cuerpo astral. Según el doctor Encausse —más conocido con el seudónimo de doctor Papus—, entre el espíritu y el cuerpo existe un ente dotado de un organismo y de facultades específicas. Se trataría del cuerpo astral, cuya misión es la de unir lo físico a lo espiritual. Determina la elaboración de todas las fuerzas orgánicas y especialmente de la fuerza nerviosa, moldeándola según la influencia recibida por la condición astral dada en el momento del nacimiento. Esta versión del periespíritu es quizá la más próxima al concepto del *od* que habría de perfeccionarse posteriormente.

• Teoría del od. El od sería una fuerza natural del ser humano, cuya naturaleza fue explicada por la teoría del barón de Reichenbach. El od sería el agente que penetra y cohesiona todas las sustancias, algo así como el espíritu de Dios. Para la teoría espiritista, este fenómeno explica todo lo acaecido por intervención directa de los espíritus, es decir, de las almas de los muertos evocados por aquellos sujetos que tienen la facultad de ponerse en comunicación con ellos. En términos hipnóticos, el od es el espíritu de Dios que la Biblia describe flotando en el universo, y que hoy se manifiesta constantemente como un mar de conocimiento e inspiración destinado a ser captado por las antenas privilegiadas, los cerebros de la especie humana.

Nuestra experiencia señala que se trata de la fuerza determinante que separó al hombre de los monos y que lo hizo apto para recibir un espíritu, el mismo que permanecerá en el cuerpo así ennoblecido mientras exista esta emanación vital producto del periespíritu, que a su vez sería el órgano intermedio o de unión entre lo material y lo espiritual.

Biomagnetismo

El biomagnetismo es una ciencia nueva que se ocupa de investigar y medir los campos magnéticos que emiten los organismos vivos, en particular, el cuerpo humano.

Desde su admisión en el círculo de la ciencia, en la década de los setenta, se ha manifestado su importancia en los campos de la biología, la medicina y la psicología. No obstante, los pioneros del biomagnetismo fueron tachados de ilusos y de charlatanes.

Hace ya doscientos años, los franceses se iniciaron en la magnetobiología con el propósito de curar diferentes enfermedades con el magnetismo de las aguas en las que, a la manera de las sales de baño, se dispersaban minúsculas limaduras de hierro. El principio en que se basaban era real.

A pesar de los diferentes inventos magnéticos que se han realizado, la magnetoterapia carece aún de bases suficientemente sólidas que la fundamenten, debido a que no ha sido determinado el tipo de energía en que se basa. En realidad, para devolver la salud por medio de la manipulación de la energía biomagnética, el único medio debidamente comprobado es la acupuntura, porque funciona a base de canalizar la energía y volverla a distribuir de modo que se restablezca el equilibrio perdido, equivalente a la salud; lo demás es sólo una forma de comprobación de que tal energía existe, pero sin llegar a reordenarla una vez que su flujo se ha alterado.

Es probable que en un futuro próximo como resultado del desarrollo del biomagnetismo se pueda llegar al ideal de la magnetoterapia. Por ahora los investigadores se concentran en el propósito de medir los campos magnéticos de los organismos vivos y comprobar las relaciones que hay entre las medidas magnéticas y los procesos biológicos y las actividades de los diferentes órganos.

Los campos magnéticos del cuerpo humano

En síntesis, una de las primeras consecuencias del hipnotismo, entendido como forma de sueño que permite la participación activa de otra persona, se manifiesta en la alteración del aura del sujeto, que se funde en buena proporción con el aura del operador. Pero ¿cómo se producen esos campos magnéticos en nuestro cuerpo? ¿Cuál es su intensidad? ¿Los campos magnéticos del cuerpo humano determinan alguna actividad vital? ¿Podrá llegar la ciencia a diagnosticar enfermedades por medio de la apreciación del estado de esa energía, como los expertos hacen en el aura humana, lo que daría lugar a la magnetodiagnosis?

Para responder a estas preguntas, debemos partir de la consideración del fenómeno magnético y su relación con la electricidad. La Tierra posee un halo, un aura, porque es un imán cuyos polos magnéticos están dirigidos precisamente hacia los polos terrestres. A su vez, nuestro planeta navega en una interminable corriente de energía que comprende el sistema solar. Y este dentro de otro. Y así, sucesivamente.

En el cuerpo humano hay varias fuentes de campos magnéticos. Por una parte, existen pequeñas corrientes eléctricas, iones de sodio, potasio y cloro, que se mueven a través del volumen del organismo vivo y que surgen como resultado de sus movimientos, es decir, las contracciones musculares y la propia transmisión de señales nerviosas. Estas corrientes dan lugar a campos magnéticos variables con frecuencias de hasta 100 Hz (1 Hz equivale a un ciclo por segundo) y a intensidades del orden de una millonésima del campo magnético terrestre.

Estos campos magnéticos, cuya suma se manifiesta en la típica emisión de energía, que aquí hemos llamado *aura* o *halo*, no tienen sólo la aparente fuente del cuerpo, sino que están igualmente conectados a su fuente primigenia, al mar energético universal al que ya hemos aludido incluso con nombres como el de *od*. En el caso de personas singulares actúa con excepcional potencia y se traduce en efectos rejuvenecedores (recuérdese la práctica del sunamitismo, consistente en hacer que una persona joven pasara la noche al lado de otra muy anciana, con el resultado de que a la mañana siguiente esta se levantaba llena de vigor, en tanto que la joven lo hacía penosamente, como enferma o sumamente fatigada). Este rejuvenecimiento no se opera únicamente en organismos vivos, sino que, cuando los objetos son alcanzados por la radiación de un aura poderosa, arrojan una datación muy reducida. Se trata de una fuerza esencialmente vital, el soplo mismo de la vida que fue insuflado sobre la superficie del mundo en el origen de los tiempos —el od, según la sólida teoría de von Reichenbach—, de manera que nada de lo que toque permanecerá en su condición, sino que se verá protegido contra la acción del tiempo.

El magnetoencefalograma y el magnetocardiograma

Los diversos órganos del cuerpo generan una parte de la totalidad del aura, emitiendo cada uno en un color y una densidad típicos que harían reconocible el estado de dicho órgano. Así, el cerebro y el corazón son órganos productores de corrientes iónicas, o sea eléctricas.

Pero esto ya no sorprende a nadie. Está generalizado el conocimiento de que somos seres dotados de fuerza magnética y que, además, vivimos en un océano de fuerzas de la misma índole (en realidad, manifestaciones distintas de la misma fuerza), aún desconocidas para la ciencia (aunque ya utilizadas por los brujos y los magos, en su calidad de científicos primigenios).

Los electroencefalogramas y los electrocardio-
gramas no son más que los registros de las corrientes eléctricas que se generan por la acción de
la actividad cerebral y cardiaca. Por medio de las
corrientes eléctricas que se producen en el cerebro y el corazón, es posible medir y registrar sobre papel la actividad de los campos magnéticos
que residen en la cabeza y en el pecho, lo que da
lugar al magnetoencefalograma y el magnetocar-
diograma, respectivamente.

El hipnotismo y los fenómenos parapsicológicos

La clarividencia, la telequinesis y, sobre todo, la telepatía experimentaron un considerable resurgimiento al comprobarse la accesibilidad que cobraban para la mayoría de las personas en combinación con el hipnotismo. Así, individuos que jamás habían sospechado poseer aptitudes paranormales, descubrieron que les bastaba hundirse en el trance hipnótico para realizar prodigios.

Asimismo, llegó a creerse que la transmisión del pensamiento entre hipnotizador e hipnotizado constituye sólo uno de los numerosos fenómenos a que puede dar lugar el trance hipnótico, ya que es un insuperable potenciador de todas las posibilidades ocultas del ser humano.

La gran mayoría de los tratados antiguos asocian los fenómenos telepáticos a la hipnosis de manera natural, como si se tratara de un único estado de posibilidades inseparables.

La exteriorización de la sensibilidad por el hipnotismo

Son muy numerosos los descubrimientos que en esta materia fueron silenciados «en interés del bien público». Entre ellos, se cuentan los aportados por experimentos que hicieron los científicos Richet y De Rochas. Este último descubrió el fenómeno de la exteriorización de la sensibilidad. De sus trabajos Emile Boirac ha hecho una descripción repleta de interés y significado, por lo que nos permitimos tomar una muestra en la que se pone de manifiesto la existencia de la energía humana que se manifiesta en el aura y que emite el cuerpo humano a partir de su periespíritu.

Primer experimento: pinchazos y pellizcos que no tocan la piel

Al sujeto, que está dormido, se le aplica una venda sobre los ojos; se le coloca en las manos, sin darle ninguna explicación, un vaso lleno en sus tres cuartas partes de agua, de tal forma que repose sobre la palma de la mano izquierda extendida horizontalmente, mientras que la palma de la mano derecha recubra la parte superior del vaso, algunos centímetros por encima del agua.

El hipnotizador realiza unos pases por encima de la mano derecha y, después de unos instantes, prueba mediante contactos, pellizcos, pinchazos, etc., la sensibilidad del dorso de esta mano.

Si la sensibilidad subsiste, continúa haciendo los pases, pero transcurrido cierto tiempo (de cinco a diez minutos) el sujeto ya no reacciona. Entonces, sin decirle nada, el operador pellizca bruscamente en el aire, a tres o cuatro centímetros por encima de la piel del hipnotizado e, inmediatamente, este acusa, por sus movimientos, una mueca característica o, incluso, un grito, una sensación muy viva. Ocurrirá lo mismo tras una picadura hecha en el aire de la misma manera.

Si, a continuación, se le retira el vaso de las manos y el operador se aleja varios metros, ante cualquier contacto, pellizco, pinchazo, etc., sea en el agua misma, sea a algunos centímetros por encima, siempre en el más profundo silencio, el sujeto reaccionará inmediatamente.

CASO PRÁCTICO

Emile Boirac llevó a cabo este experimento:

> Hemos experimentado este fenómeno con bastantes sujetos. En Ludovic S., por ejemplo, se manifestó desde el principio, fuera de toda posi-

ble explicación, de toda sugestión previa, con una nitidez y una rapidez extraordinarias.

El sujeto, Ludovic S., que se prestó sin resistencia, de una forma casi indiferente, a realizar este género de experiencias, acabó por reconocerlas y temerlas a causa de la extrema intensidad de las sensaciones experimentadas, a menudo dolorosas.

Asimismo, se dio cuenta del papel representado por el agua en este fenómeno. Espontáneamente comenzó a preocuparse, a inquietarse por el tratamiento reservado a aquella agua y, al preguntarle el motivo, dio esta singular respuesta: ¡Es que ese agua soy yo!

No obstante, si las sensaciones experimentadas por Ludovic S. en ese agua que podría ser llamada *su sensibilidad exteriorizada* parecen ser infinitamente más vivas que las sensaciones normales correspondientes, no parecen estar, en cambio, netamente localizadas. Los contactos, pellizcos, picaduras, etc., parecen no sentirse en partes concretas del cuerpo, sino en todo el organismo, y es quizás esto lo que explica su extraordinaria intensidad.

Experimentos de comprobación

El fenómeno de la exteriorización abre, evidentemente, un campo ilimitado a nuestras suposiciones y búsquedas. Veamos los experimentos de Emile Boirac al respecto:

A falta de tiempo y de facilidades suficientes para disponer del sujeto a nuestro antojo, nos hemos tenido que limitar a un pequeño número de experimentos que permitan determinar el grado de generalidad del fenómeno. He aquí los dos experimentos destinados a comprobar esta hipótesis, que realicé con otros sujetos y que, repetidos con Ludovic S., me han dado los mismos resultados.

Tras haber dormido a Ludovic S. y haberle vendado los ojos, me alejo de él y tomo entre mis manos un vaso lleno de agua hasta la mitad, como si quisiera exteriorizar mi propia sensibilidad. Después de haber sostenido el vaso durante un cierto tiempo, entre cinco y diez minutos, me acerco al sujeto, quien, por supuesto, ignora enteramente la maniobra precedente, y le hago sostener el vaso con la mano izquierda e introducir en el agua los dedos índice y anular de la mano derecha. Me alejo de nuevo y me sitúo cerca de uno de los asistentes a los que antes he dicho lo que voy a hacer con el sujeto. Cada vez que uno de los testigos me pellizca, me pincha, etc., en un lugar cualquiera del cuerpo, el sujeto reacciona instantáneamente con gran fuerza. Sucede como si yo mismo me hubiera exteriorizado en el vaso, y como si toda sacudida producida en mi sistema nervioso repercutiera a lo largo de un hilo invisible que va del vaso de agua al sistema nervioso del sujeto.

A continuación, el segundo experimento:

En otro experimento procedo primero como en el anterior, pero en lugar de poner el vaso entre las manos del sujeto donde yo me he exteriorizado, lo pongo sobre una mesa al lado de los asistentes que han sido advertidos previamente. Me acerco entonces a Ludovic S. y establezco un contacto con él cogiéndole una mano. Cada vez que el asistente pellizca, pica, etc., la superficie del agua, el sujeto reacciona con fuerza extrema. Sucede esta vez también como si la convicción dada al agua del vaso repercutiera a lo largo de un hilo invisible hasta mi sistema nervioso, que no está por otra parte impresionado, y desde allí, por una suerte de conducción, hasta el extremo nervioso del sujeto que lo recibe y traduce la expresión consiguiente.

El éxito de estos experimentos dio a Emile Boirac la idea de ensayar un tercero que establecía la posibilidad de crear artificialmente una comunicación de sensibilidades entre el operador y el sujeto. He aquí cómo procedió:

Después de haber dormido al sujeto y haberle vendado los ojos, puse entre sus manos el vaso de agua destinado a recibir su sensibilidad exteriorizada. Luego tomé yo mismo un segundo vaso de agua destinado a recibir la mía y nos quedamos así durante un cierto tiempo, hasta que la exteriorización se produjo. Tomé, entonces, un vaso y fui a ponerlo junto con el mío sobre la mesa, a algunos centímetros uno del otro.

Con anterioridad, había dado forma de U a un alambre de cobre. Ordené a dos de los asistentes, siempre en silencio, que sumergieran cada uno de los extremos del hilo en cada vaso. Este hilo servía, pues, como conductor entre los dos recipientes.

Hecho esto, fui a sentarme cerca de otra persona igualmente prevenida respecto al papel que iba a representar en relación al sujeto. Ludovic S. estaba sentado a dos o tres metros de mí y estábamos los dos a tres o cuatro metros alrededor de la mesa donde estaban ambos vasos. Tan pronto como mi vecino empezó a pellizcarme, pincharme, etc., el sujeto reaccionaba cada vez más fuertemente.

Todo sucedió como si la sacudida producida en mi sistema nervioso se prolongara a lo largo de un primer hilo bien visible hasta el vaso donde yo había exteriorizado mi sensibilidad, pasaba de allí por medio del alambre de cobre al vaso donde el sujeto había exteriorizado la suya y se propagaba, finalmente, a lo largo de un segundo hilo invisible hasta el sistema nervioso del sujeto.

Sin embargo, en un momento dado el sujeto cesó de reaccionar pese a que mi vecino acababa de tirarme del pelo con bastante fuerza.

Yo imaginé que esta detención en la transmisión de mis sensaciones era debida a la desaparición de la influencia contenida en los vasos.

Pero, volviéndome hacia la mesa, vi por los gestos de mis dos ayudantes que la verdadera causa de la detención era otra muy diferente.

A uno de ellos le pareció gracioso interrumpir la comunicación, retirando del agua la extremidad del hilo confiado a su custodia. De esta forma, sin querer, instituyó la contraprueba de mi experiencia: en cuanto hubo vuelto a sumergir el alambre en el agua, la transmisión prosiguió.

El tirón de los cabellos sobre mi frente se tradujo en Ludovic S. en una sensación de arrancamiento experimentada sobre toda la superficie de su cuerpo. También empezó a quejarse y a protestar, visiblemente impaciente porque terminara el experimento.

Mi vecino tuvo entonces la idea de recurrir a impresiones más leves. Tomó una de mis manos y la acarició suavemente varias veces. Vimos enseguida a Ludovic S. esbozar una sonrisa. «Oh, si se trata de esto —dijo— siga todo lo que quiera. ¿Por qué no? ¿Qué me hace ahora? ¿Me acaricia?» Incluso Ludovic S. sintió sincrónicamente los hálitos cálidos o fríos enviados por mi vecino sobre el dorso de mis manos, pero siempre bajo impresiones difusas en las que parecía participar todo su organismo por completo.

Sin embargo, las sensaciones del gusto parecieron transmitirse en condiciones algo diferentes. Cuando yo tomaba unas gotas de *chartreuse* el sujeto ejecutaba simultáneamente unos movimientos de deglución y decía: «¿Qué me hace usted beber? Es muy fuerte, como aguardiente».

Bebí un poco más, silenciosamente, sin responderle. Nuevo movimiento de deglución en el sujeto y nueva observación: «Es fuerte, pero suave. ¿No es Málaga?». Sin contestar tomé otro sorbo. El sujeto tragó al mismo tiempo y exclamó: «No siga usted, que se me sube a la cabeza».

Yo dije entonces en voz alta que el experimento parecía haber durado ya bastante y que era tiempo de vaciar los vasos. Inmediatamente el sujeto se levantó diciendo: «Sí, ¿dónde está mi vaso?». Y dio un paso como para acercarse hacia él, pero de pronto se derrumbó sobre la alfombra. Los ayudantes y yo, un poco asustados, lo confieso, nos apresuramos a levantarlo y lo sentamos. Le pregunté qué le sucedía. «Estoy borracho», me respondió. Me apresuré a quitarle la venda y a despertarle. No le quedaban huellas de su embriaguez, ningún recuerdo ni, según me aseguró, ninguna fatiga.

Sería interesante proseguir estas experiencias tratando de determinar el papel que representaba el vaso de agua en el fenómeno de la exteriorización, por ejemplo, haciendo variar los elementos de los que se compone, la naturaleza del recipiente, la del líquido, etc., así como las circunstancias ambientales.

Hipnosis por telepatía

Quizás el logro más significativo ha sido el de inducir el trance hipnótico a distancia; es decir, hallándose el hipnotizador a una distancia suficiente para asegurarse de que el sujeto no podría percibirlo por ningún medio que no fuese el telepático.

Uno de sus pioneros fue el profesor Richet, que consiguió demostrar que era perfectamente posible hallarse a distancia e imponer el sueño hipnótico a un sujeto. Ante maravillados colegas repitió el experimento dieciocho veces, dejando entre una y otra una pausa variable, de manera que no pudiera atribuirse a una reacción cíclica del sujeto, al que inesperadamente se le observaba sumirse en el trance en cuanto Richet se lo imponía desde una habitación alejada.

Técnica de la hipnosis telepática

Conocimiento del sujeto

Es indispensable conocer a fondo la naturaleza intelectual y emocional de la persona en la que se pretende influir a distancia. Sin este requisito, cualquier intento de aproximación e influencia mental será comparable al envío de una carta sin el nombre y la dirección del destinatario.

Para que se comprenda claramente la necesidad de este requisito, advertiremos que nadie podrá tener jamás ningún poder sobre una persona que no conoce y cuya imagen no puede reproducir mentalmente con nitidez. Por el contrario, cuanto mayor y más completo sea este conocimiento y más clara resulte la visión mental de la persona sobre la que se debe influir, más rápido, claro y vigoroso será el contacto mental, así como las órdenes que conlleve.

Para potenciar la condición del conocimiento, será de gran ayuda contar con una prenda que el sujeto haya tenido consigo bastante tiempo, de manera que esté impregnada de su aura o emanación periespiritual. Asimismo, resulta muy útil hablar con personas que conocen íntimamente al sujeto, a fin de lograr descripciones muy detalladas de su personalidad, además, si es posible, de una fotografía.

Tiempo

Para establecer el contacto por concentración con la persona designada es preciso elegir un lapso del día o de la noche suficiente. No podrá tratarse nunca de menos de una hora de concentración efectiva, lo que significa que, para contrarrestar la merma de alguna mínima interrupción siempre imprevisible, lo recomendable será que cada sesión dure un promedio de una hora y media a dos horas; de esta manera, se compensará el tiempo de introspección que necesita la mente del principiante para alcanzar el estado de involución y acopio de energía, condición previa a la proyección del pensamiento y de la sugestión.

SENSACIONES TRANSFERIBLES

No sólo es posible intercambiar sensaciones de agrado mediante la hipnosis telepática. También el dolor puede transferirse de igual manera por medio del cuerpo astral denominado *achema*, o *periespíritu (perisprit)*. Para el ocultista es una de las cuatro formas de los cuerpos físicos, susceptible de recibir diversos tipos de influencia a gran distancia y por gran número de procedimientos, casi todos aprovechados en exclusiva por los practicantes de la hechicería, a quienes hoy los científicos empiezan a pedirles prestados muchos de sus útiles y conocimientos.

El aura en el hipnotismo telepático

Quienes han podido apreciar la condición del aura durante las sesiones de hipnotismo telepático describen el fenómeno como una serie de reverberaciones que tanto en el agente como en el perceptor se operan en lo alto de la cabeza. Una persona lo comparó con una caja de luz a la que se levantase la tapa para dejar que los pensamientos, como esferas luminosas, se alejaran flotando en el espacio para acabar reventando en lo alto de otra cabeza, o adhiriéndose a diversas partes de la casa, como en espera de que llegase hasta ellos una cabeza afín que les atraiga y acoja como «idea propia».

Experimentos

En la década de los sesenta Leónidas Vassiliev, heredero intelectual de Bechterev y titular de la cátedra de fisiología de la Universidad de Leningrado, publicó el resultado de una larga serie de experimentos de carácter trascendental, más que asombroso.

Era la historia de sus trabajos en el campo de la telehipnosis.

Lo que Vassiliev había conseguido era que personas hipnotizadas acataran las sugestiones u órdenes que se les impartían mentalmente desde una distancia considerable. Uno de los experimentos consistía en despertar a varias personas hipnotizadas en el momento en que el hipnotizador lo ordenaba con el pensamiento desde una habitación alejada. En otro experimento, se conseguía que cayesen al suelo unos sujetos hipnotizados que estaban en una habitación distinta a la del hipnotizador, que les había ordenado telepáticamente sentir que sus piernas eran incapaces de sostenerlos.

Pronto estos experimentos pasaron a realizarse, no de una habitación a otra ni de un ala del edificio universitario a otra, sino entre ciudades. Fácil resulta entender la importancia que en el aspecto militar podía tener semejante descubrimiento. Las autoridades que acudieron a comprobar el hecho tuvieron que admitir la realidad: un hombre en Moscú podía influir decisivamente en otro que actuaba en otro lugar en un momento determinado y sin que mediara entre ellos ninguna de las formas convencionales de comunicación.

Este fenómeno sobrepasaba con creces los márgenes de credibilidad que los escritores de ciencia ficción daban a sus personajes. No es de extrañar que en adelante las comunicaciones públicas sobre los avances en esta materia hayan sido muy escasas.

El hipnotismo y la telepatía no debían quedar al alcance del hombre de la calle. En esto los soviéticos estaban absolutamente de acuerdo con los occidentales. Y no creemos que su reserva obedeciese al temor de llenar el espacio con molestas «interferencias hipnoticotelepáticas», sino que en realidad se trata de un descubrimiento cuyas implicaciones llegan muy lejos.

Por su parte, la NASA ha permitido un gran número de filtraciones de información sobre sus actividades en laboratorios de investigaciones psíquicas, que permiten establecer el estado de considerable avance que llevan sus experimentos en materia de percepción extrasensorial.

Impreso en España por
HUROPE, S. L.
Lima, 3 bis
08030 Barcelona